Début d'une série de documents en couleur

PRIX: 90ˡ

8º Y²
Ao 821

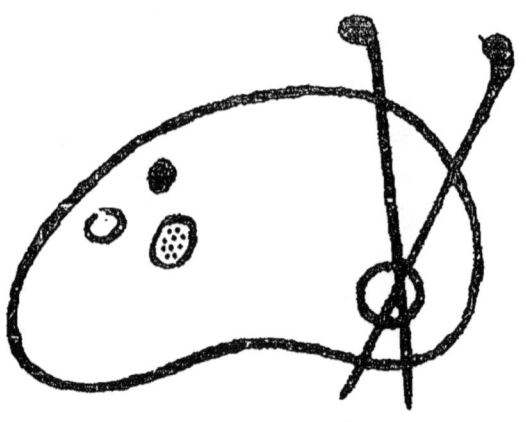

Fin d'une série de documents en couleur

HISTOIRE D'UN ANNEXÉ

COULOMMIERS. — TYPOG. P. BRODARD ET GALLOIS.

BIBLIOTHÈQUE
DES ÉCOLES ET DES FAMILLES

HISTOIRE D'UN ANNEXÉ

(SOUVENIRS DE 1870-1871)

PAR

CHARLES GUYON

Agrégé d'histoire, inspecteur d'Académie.

DEUXIÈME ÉDITION

PARIS
LIBRAIRIE HACHETTE ET Cie
79, BOULEVARD SAINT-GERMAIN, 79

1887

HISTOIRE D'UN ANNEXÉ

I

Si vous désirez savoir mon nom, je m'appelle Christian Pleffel. Mon père, médecin à Daspich, petit village des bords de la Moselle, près de Thionville, était mort dans une épidémie, me laissant seul avec ma bonne mère, qui n'eut plus qu'une pensée, me faire le remplaçant de mon père dans le pays, car il disait toujours, en m'enlevant dans ses bras :

« Tu seras médecin, mon petit Christian. »

J'étais, en 1870, étudiant à Nancy et j'allais passer les examens du doctorat, quand toutes les études furent interrompues par la guerre.

J'avais, dès les premiers jours, demandé un emploi d'aide-major dans une arme quelconque, mais les communications coupées subitement, m'avaient empêché de recevoir des ordres, et beaucoup d'hommes, valides et résolus, attendaient sans savoir que faire ni où aller.

Pour moi, je résolus, dès le jour même de l'entrée des Prussiens à Nancy, de chercher à pénétrer dans Metz, espérant que les Allemands n'avaient pas osé s'approcher de cette forteresse si formidable, et attiré d'ailleurs de ce côté par le voisinage de mon pays.

N'avais-je pas là-bas une mère chérie, qui n'avait eu aucune nouvelle de son Christian, depuis plus de deux mois, et qui devait être bien effrayée au milieu de tant de troubles et de malheurs ! Et ma fiancée, ma petite Wilhelmine, la fille du bon père Frank, le meunier de Daspich, ne me croyait-elle pas mort, depuis qu'on ne parlait que de batailles, de défaites, de prisonniers, de blessés !

Tout cela m'attirait vers la Moselle, plutôt qu'ailleurs, parce que je pensais que si Metz était déjà fermé, j'irais à Thionville et, pour y arriver, il fallait passer à Daspich.

Mon voyage n'était pas long : quinze lieues, c'est-à-dire deux heures par le chemin de fer, en temps ordinaire.

Mais pour le moment, cette route prenait des proportions colossales. En effet, des personnes venues de la Moselle, et près desquelles je m'étais informé, me dirent que j'avais à traverser toute une armée prussienne de Nancy à Metz, et cela, à travers un pays dévasté et surveillé par l'ennemi défiant.

Je pensais bien, d'après ces renseignements, qu'il y avait peu de ressources à trouver dans le pays, puisqu'il avait déjà été mis en réquisition pour l'armée française et ravagé ensuite par l'ennemi, mais la vraie difficulté était d'entrer dans Metz, qui était déjà cerné par les Prussiens, comme je l'appris au moment de mon départ.

Cependant aucune considération ne put m'arrêter. Mes amis, à qui je confiai mon projet, jetèrent les hauts cris, et me prédirent les plus grands malheurs.

Sans m'effrayer, je courus au palais du gouvernement : j'avais appris qu'un officier supérieur allemand délivrait un sauf-conduit aux personnes qui désiraient voyager en Alsace-Lorraine.

Les Allemands n'auraient permis à aucun homme de sortir du cercle occupé par leurs armées, de peur qu'on n'allât rejoindre les troupes françaises.

Il ne fallait pas que les Prussiens pussent se douter que j'avais l'intention d'entrer à Metz. Aussi je résolus d'indiquer Daspich comme le but de mon voyage : cela pouvait me servir pour aller à Thionville, dans le cas où je serais obligé de tourner Metz.

Muni d'un certificat de la mairie, constatant mon identité, je me présentai chez l'officier prussien :

« Où voulez-vous aller? me demanda-t-il.

— A Daspich, près de Thionville.

— Vous ne pouvez voyager qu'en pays déjà occupé. Voyons si cette localité l'est en ce moment. »

Il prend une carte :

« Entre Metz et Thionville, dit-il; je vois. Oui, nos armées doivent y être. »

Et sur cette conviction, inspirée par un pur orgueil national, j'obtins mon sauf-conduit.

Je préparai aussitôt mon sac de voyage, que je songeai à alléger le plus possible. Mais il est toujours des choses absolument nécessaires et ce furent les seules que j'emportai, car je pouvais être obligé de marcher beaucoup.

Je fis alors mes adieux à quelques amis, qui eux-mêmes se proposaient de partir vers Toul ou vers Langres. Ils attendaient que le gros de l'invasion fût passé. Aussi combien essayèrent-ils de me détourner de mon voyage précipité.

Voyant leurs conseils inutiles, ils m'annoncèrent d'une voix lugubre qu'ils n'espéraient plus me revoir.

II

Le lendemain, je quittai Nancy, à six heures du matin, joyeux, leste et plein d'espoir, un sac de voyage sur l'épaule.

C'était le 22 août.

Oh! Comme j'étais content d'aller vers la France encore libre, où je pourrais me joindre à son armée, lutter avec ses braves soldats, contre ces Allemands orgueilleux, que je haïssais plus que jamais, depuis que je les avais vus se pavaner fièrement dans une vieille cité française.

Le ciel était pur et brillant, l'air frais : une journée magnifique s'annonçait.

La route est si agéable de Nancy à Pont-à-Mousson, que, dans mon admiration pour les jolis paysages, qui se développaient devant moi, j'avais oublié les Prussiens.

Il me semblait que je n'avais qu'à voler pour arriver à mon but, et je marchais vite, je volais presque.

Ces bois si verts, ces vallons si frais, parsemés de nombreux et blancs villages, respiraient une si douce paix, que je pensais :

« Ils n'ont point passé ici, ils sont tous en ville. Je n'en verrai donc plus! Quelle joie de pouvoir respirer librement! »

Et puis je rêvais à ma mère, à Wilhelmine, je sentais que je me rapprochais d'elles et cela m'excitait.

Cependant le soleil que me cachaient les grands arbres de la route, s'éleva peu à peu dans un ciel sans nuages. Ses rayons brûlants calmèrent mon ardeur, la sueur inonda mon front.

Je marchais ainsi depuis plusieurs heures, et j'avais traversé quelques villages, sans prendre le moindre repos, lorsque j'entendis derrière moi le roulement d'une voiture.

Je m'arrêtai et j'attendis, espérant trouver une place près du conducteur, qui était seul.

Quand il fut près de moi, il m'invita lui-même à monter.

« Vous ne craignez donc pas, lui dis-je, que je sois un Prussien ?

— Il est facile de voir à votre figure que vous êtes Français, et à votre accent, je vous reconnais Lorrain. Mais où allez-vous ainsi à pied?

— A Metz, si c'est possible.

— A Metz!... Vous aurez du mal, cher monsieur, car on parle dans le pays de batailles gigantesques, qui se seraient livrées aux environs : on cite les noms de Borny, Gravelotte. La ville doit être inabordable.

— Les Prussiens cachent toutes les nouvelles. Aussi ne sait-on rien de précis et doit-on se défier des bruits qu'ils répondent faussement... Mais je suis surpris de vous voir voyager librement, en voiture; car je sais que les Prussiens mettent tous les chevaux en réquisition et souvent même les voitures.

— C'est vrai. Mais lorsqu'ils sont arrivés chez moi, les paysans avaient conduit chevaux et voitures dans les bois. Les Allemands n'ont pu saisir que quelques bêtes qui, s'étant égarées, revenaient au village. Quant à moi, je n'en ai vu aucun en venant ; il paraît qu'ils sont tous partis sur Paris, par Frouard.

— Et Toul? Toul la brave, où sont les mobiles nancéiens ! croyez-vous qu'elle les laissera passer ainsi ! Ah ! que ne suis-je dans ses remparts !

— Ils ont déjà éprouvé de la résistance devant Toul, car le canon s'est fait entendre plusieurs fois de ce côté et l'on dit qu'un prince allemand y a été blessé gravement. »

En causant ainsi, nous étions arrivés dans un village nommé Marbache, où la route se divisait en fourche.

Mon automédon arrêta sa voiture.

« Je suis fâché, me dit-il, de ne pouvoir vous être utile plus longtemps. Mais comme vous allez à Pont-à-Mousson et moi dans les côtes, il faut nous séparer. »

Nous étions devant un semblant de café, dont l'enseigne venait d'être effacée et le bouchon enlevé;

précaution que prenaient la plupart des débitants pour éviter la clientèle tumultueuse et peu lucrative des troupes allemandes.

Mais celles-ci avaient le nez fin et toujours elles allaient droit au café travesti.

Le désir de nous rafraîchir un peu nous tenta et pour remercier mon homme, je l'invitai à entrer au café !

« J'accepte volontiers, dit-il. D'ailleurs il fait si chaud, que j'allais vous faire la même proposition. »

La voiture fut donc rapprochée du mur, le cheval attaché, et nous entrâmes.

Je rirai toujours en pensant à la mine triste et déconfite que prit l'hôtelier, en nous voyant entrer. Il nous regardait de l'œil le plus dolent que j'eusse jamais vu.

J'en augurai un renchérissement incroyable des liquides : je ne me trompais pas.

« Que veulent ces messieurs?
— Une bouteille de bière.
— Une bouteille de bière !... Mon Dieu ! D'où venez-vous donc?
— De Nancy, tout droit.
— Eh bien, vous devriez savoir que les Prussiens nous ont tout pris... Tout, messieurs, et ce qu'ils n'ont pas bu, ils l'ont vidé dans la cave. Oui ! Les coquins ! Ils n'ont rien laissé au pauvre marchand !
— Alors, m'écriai-je, en me levant, nous n'avons qu'à partir et aller ailleurs.
— Attendez... Je vous le dis tout bas, j'ai réussi à cacher quelque chose, mais je vous le répète, n'en dites rien. Puisque ce sont des Français qui demandent, je veux bien donner une bouteille... De la bière, il n'y en a plus. Vous aurez du vin blanc, c'est tout ce qui me reste. »

Le cafetier savait vendre sa marchandise la plus chère. Je regardai mon compagnon :

« Si monsieur y consent, va pour le vin blanc.

« Apportez le vin blanc.

L'aubergiste disparut lestement, riant sous cape.

Pendant que nous causions, il était remonté fièrement, tenant à la main un litre au cachet douteux.

Le sergent s'approcha de moi.

Tout à coup un grand fracas se fit entendre à la porte et nous vîmes entrer pêle-mêle une foule de soldats prussiens de la ligne.

L'un deux que je reconnus à ses galons dorés, être un sergent, s'approcha de moi et me prenant brutalement par le bras, m'entraîna hors de la salle. Il me montrait la voiture en criant d'une voix forte.

« Que voulez-vous? lui dis-je.

— Cette voiture est à moi, ajouta mon compagnon, qui nous avait suivis.

— Nein, nein, hurlait l'Allemand, vous être cocher, pour conduire à Nancy. »

Je compris : le Prussien voulait s'emparer de la voiture, et, pour couronner son œuvre, m'installer comme conducteur sur son char de triomphe.

J'expliquai la chose au propriétaire qui blêmit de colère.

Mais déjà les soldats avaient détaché le cheval du mur et une douzaine d'entre eux s'étaient entassés, comme des pourceaux qu'on mène à la foire, sur la voiture qui pouvait à peine supporter six personnes.

Cependant le sous-officier commençait à s'impatienter. Je le vois encore rongeant ses longues moustaches jaunes, tournant avec fureur ses yeux ronds et serrant son sabre; il exprimait sa colère dans un langage franco-allemand, qui n'avait rien d'harmonieux.

Il me poussait vers la voiture et je le repoussais. Enfin il appela des soldats à son aide et je vis l'instant où j'allais être emporté de force. Alors l'idée de mon sauf-conduit me vint seulement à l'esprit.

Je le tirai donc et je le déployai aux yeux étonnés des Allemands : l'effet en fut magique. Le sous-officier devint d'une politesse obséquieuse, les soldats me saluèrent, les autres, d'un commun accord, sautèrent de la voiture, qui me fut rendue et le détachement reprit à pied la route de Nancy.

Mon conducteur craignant une nouvelle aventure, s'enfuit au galop, refusant de goûter au vin blanc.

Pour moi, je me remis en voyage, rêvant au pouvoir extraordinaire de mon sauf-conduit et à l'amour des Prussiens pour les voyages en voiture.

III

La chaleur était de plus en plus accablante, une poussière brûlante me desséchait la gorge, et pourtant soutenu par mon enthousiasme guerrier, je marchais vite, murmurant le chant glorieux, qui avait jadis conduit nos soldats contre l'Europe coalisée.

Cela me donnait de l'espérance et me faisait trouver le chemin moins triste et plus court.

A chaque instant, passaient des trains formés de wagons prussiens, remplis de soldats. Parfois aussi ils emmenaient, en Allemagne, des prisonniers et je songeais aux grandes batailles dont le bruit vague était parvenu à Nancy... On parlait de Bazaine, de Prussiens jetés dans de profondes carrières [1].

On se disait tout bas que nous étions vainqueurs... et j'espérais !

Je voyais aussi des soldats allemands qui rétablissaient les chemins de fer, les ponts, les télégraphes, qu'on avait fait sauter à la suite de nos armées. Les pauvres employés français voyaient de loin leur place occupée. Ils avaient rempli leur devoir non sans péril, car beaucoup ont payé de leur vie le zèle avec lequel ils rétablissaient les communications coupées par les avant-gardes de l'armée prussienne.

Ils ont sauvé plusieurs convois chargés de blessés et beaucoup ont été fusillés ou emmenés en Allemagne [2].

---

1. Les carrières de Jaumont. On racontait que vingt mille hommes avaient été précipités dans ces trous profonds. Bruits funestes, qui amenaient bientôt chez la population désillusionnée le découragement et l'irritation !

2. En Prusse, les chemins de fer appartiennent au gouvernement et les employés sont assimilés aux soldats. Aussi, au commencement de la guerre, nos employés du chemin de fer, avec leur uniforme, furent-ils regardés comme faisant partie de l'armée.

Enfin, à force de courage, je suis à une heure de Pont-à-Mousson, dont je vois la côte surmontée de ruines féodales. Près de la route, s'élève un mur, bordé de quelques noyers et de gazon épais.

C'est mon affaire, car il est temps de prendre un peu de repos. Le soleil est au-dessus de ma tête; mon estomac me dit qu'il est midi, mais il faut jeûner jusqu'à la ville, où j'espère trouver quelques ressources.

Je dispose donc mon sac, et je m'en sers comme d'un oreiller pour reposer ma tête. Bientôt le sommeil me saisit. Je ne sais depuis combien de temps je me livrais au repos, quand ma tête, dans un brusque mouvement, frappa un corps dur. Je me lève aussitôt et jugez de ma surprise, en voyant que mon sac a disparu : en vain je regarde à droite, à gauche, rien, mon sac avait bien changé de maître.

Sur la route, fuyait rapidement vers Nancy une de ces voitures à deux roues, couvertes d'une longue toile grise et traînée par un mulet, comme on en a vu beaucoup, à la suite de l'armée prussienne.

Poussé par je ne sais quel pressentiment, je courus après cette charrette, et je vis mon sac précieusement installé sur les genoux d'une sorcière allemande.

Sans dire un mot, je saisis prestement mon bien et laissant aller la cariole, je repris ma route. Mais j'avais compté sans trois horribles Allemands qui, sortant de la voiture, s'élancèrent à ma poursuite.

Je me retournais pour me tenir en garde.

« Mein sac, mein sac, » cria l'un.

Cette prétention par trop hardie m'irrita tellement, que je ne réfléchis pas combien une lutte contre trois brigands bien armés serait inégale pour moi.

Je me crus capable de résister à un bataillon.

« Viens le chercher, ton sac, m'écriai-je.

— Mein sac, mein sac, » répéta le bandit.

Et il voulut me l'arracher. Mais je lui appliquai

un violent coup de poing dans le creux de l'estomac : il pâlit et tourna sur lui-même.

Ces gens sont lâches! Ils crient et menacent, quand on paraît craindre, mais qu'on résiste, ils reculent. Aussi les deux autres hésitèrent. Cependant je vis briller des couteaux et je ne sais ce qui serait advenu, si les chants cadencés d'un régiment allemand, qui approchait, n'eussent mis en fuite mes adversaires. Je continuai ma route, maudissant cette foule de bohémiens, qui, à la suite de l'armée prussienne, s'étaient introduits en France.

Il fallait les voir avec leurs figures maigres et rougeâtres, leurs longs cheveux roux et leur barbe inculte. On les reconnaissait à leurs grandes pipes de porcelaine, à leur costume sale et bariolé. Tantôt ils portaient une culotte de soldat, sous une longue capote de juif polonais, et des bottes hautes et larges; tantôt un chapeau à bords relevés et un manteau gris, plein de pièces de toutes couleurs.

Ils arrivaient par bandes nombreuses, comme les corbeaux après une bataille. Dans leur voiture, traînée par un maigre cheval, grouillait pêle-mêle toute la famille, hommes, femmes et enfants : femmes sèches et rudes, comme les vieilles sorcières de Shakspeare, et comme les tziganes de la Valachie; enfants sauvages et idiots; armée de pillards qui, sous prétexte de fournir l'armée prussienne, s'installaient en maîtres chez les pauvres paysans, et les pillaient sans pitié!

Malheur aux voyageurs attardés qui rencontraient ces brigands! Malheur à la maison isolée qui se trouvait sur leur passage, car dans les villes, ils n'osaient se montrer hardis!

En voyant de loin la longue file de leurs voitures, je pensais à ces hordes du moyen âge, qui envahissaient les nations voisines et venaient sans façon prendre la place des premiers habitants.

La nation allemande qui se pique de tant de science, n'avait pas changé depuis quinze cents ans!

A ces bandes poussées par l'espoir de la rapine, il faut ajouter les marchands ambulants, qui apportaient des cigares, des jambons, du lard, et, tout en faisant le commerce, servaient d'espions : ils s'introduisaient

Les juifs allemands.

partout, écoutaient, surveillaient et rendaient aux officiers prussiens un compte fidèle de ce qu'ils avaient remarqué.

Combien nous avons vus, avant la guerre, parcourir nos campagnes, avec une légère pacotille, qu'ils ne vendaient pas! Combien occupaient de bonnes places dans les villes et se faisaient des amis parmi ces pauvres Français qu'ils espionnaient!

Ils ont connu nos sentiers, nos vallées, nos montagnes, nos rivières : au premier signal de la guerre, ils se sont envolés chez eux, et sont revenus voir leurs anciennes connaissances, à la tête de l'armée allemande.

Ils allaient tout droit dans les meilleures maisons : ils connaissaient la fortune des propriétaires, leurs caves, leurs greniers... Ils entraient en riant :

« Bonjour, monsieur Pierre, ne me reconnaissez-vous pas? Je vous ai servi comme domestique, pendant trois ans, et voyez, je suis officier aujourd'hui. Mais ne craignez pas, nous ne vous ferons point de mal; j'ai de la reconnaissance pour vous... Seulement nous avons besoin de vin, de nourriture : vous pouvez donner du blé, sans nuire à vos greniers. »

Et bien d'autres choses qui étonnaient les fermiers.

IV

Je me suis un peu étendu sur ces tristes souvenirs, et me voici arrivé aux premières maisons de Pont-à-Mousson. Je distingue parfaitement les restes noircis par le temps du vieux château de Mousson.

Ils sont là, immobiles, au milieu du tumulte de la guerre, témoins séculaires des luttes humaines qui se sont succédé dans ce pays : preuves solides de la faiblesse de l'homme, qui agit tant et qui meurt, tandis que longtemps après lui, restent encore debout ces murs silencieux!

La plaine était encombrée de voitures, de soldats, de canons : tout annonçait l'approche d'une nombreuse armée.

Je voyais des sentinelles placées le long de la route, à l'entrée de la ville. Je traversai les postes d'un pas assuré, sans m'inquiéter des regards quelque peu étonnés des gardes et des soldats qui, surpris de mon assurance, n'osaient m'arrêter.

Cette hardiesse m'a servi dans plus d'un cas, où je

n'étais pas autant dans mon droit. La fortune favorise les audacieux, dit un poète ancien : j'ai vu souvent la vérité de ce vieil adage. L'homme qui craint, hésite, est vite remarqué : la frayeur se montre dans ses yeux, on reconnaît son embarras, on se méfie de lui, on croit voir un coupable, on l'arrête.

Mais celui qui, prenant son parti, marche hardiment, lève la tête, semble user de son droit et commander là où il n'est rien, étonne, impose, et personne n'ose s'opposer à lui.

Sur la place de la Gare, vis-à-vis l'hôtel de la Poste, je fus arrêté par un groupe nombreux d'officiers de tous rangs et de tous corps, qui entouraient plusieurs hauts personnages.

Je demandai à quelques Mussipontains qui les regardaient, à qui pouvait appartenir cet état-major.

« C'est au roi Guillaume, me répondit-on. Il est là, et près de lui Bismark. Vous pouvez les voir au centre de ce groupe. »

Je ne pensais guère trouver à Pont-à-Mousson les deux hommes qui, en ce moment, occupaient le monde, les deux hommes qui avaient lancé leurs hordes sur ma pauvre patrie!

Je me sentis froid au cœur, mais je voulus les voir.

Guillaume Ier était bien là, tel que je l'avais déjà vu souvent représenté, il était là, avec ses fortes moustaches et ses épais favoris, le front haut et dégarni! Je le vois encore avec sa figure carrée, pleine de rides : il causait avec un homme au maintien raide et sévère.

C'était Bismark : ce front chauve, ces moustaches en brosse, ce menton rasé, ces yeux petits et vifs, je les reconnus. Et c'était bien l'image que je m'étais faite de cet ennemi de la France.

Machiavel devait avoir ce regard malin.

Je m'éloignai, car mon cœur se serrait et je pensais à nos soldats qui, peu de temps auparavant, avaient foulé ce sol aujourd'hui souillé par l'envahisseur

Ce qui m'avait frappé dans cette foule d'officiers, c'était la simplicité de l'uniforme. C'est, je crois, une mesure prise pour que, dans une bataille, il soit plus difficile de les reconnaître. Une écharpe, un gland d'argent, des vêtements plus fins, voilà ce qui les distinguait des soldats. Mais en temps de paix, une fois la crainte des balles bannie, on reprend ses hochets et ses galons brillants.

Ainsi je songeais, en cherchant un hôtel où je pusse

Vue de Pont-à-Mousson.

réparer mes forces, car il était midi et depuis six heures du matin, j'avais marché sans prendre de nourriture.

Au détour d'une rue, je rencontrai quelques prisonniers français, qui se traînaient pâles et fatigués, conduits par des uhlans! Je ne puis exprimer l'émotion qui me saisit en voyant mes malheureux compatriotes.

Je restais là, muet, immobile, serrant les poings, lorsqu'un jeune sergent-major s'échappa des rangs et vint se jeter à mon cou, en criant :

« Mon pauvre Christian ! »

Et ses bras tremblaient en me serrant, il ne pouvait en dire plus.

Je reconnus Louis Karcher, le fils d'un fermier de Daspich, un ami de collège, qui s'était engagé l'année précédente.

Je l'avais vu si rose, si frais ! Et il était si maigri par la souffrance, que je ne l'aurais jamais reconnu sous sa longue capote déchirée par la lutte qu'il avait dû soutenir. Car il était brave, et il avait dû bien se battre avant d'être là !

Je voulus lui parler, mais une main brutale le repoussa dans les rangs des prisonniers.

« Console mon père, si tu le vois, me cria-t-il. Dis-lui que je serai courageux jusqu'au bout. »

Je ne pouvais répondre, mais je lui fis signe de la tête et il disparut peut-être un peu consolé.

Cette pénible rencontre m'avait plongé dans une profonde tristesse, et il fallut toute ma fatigue et ma faim aiguë, pour me rappeler que je n'avais encore aucun asile.

Mais ce fut en vain que je me présentai dans plusieurs auberges ; partout on me répondait :

« Nous n'avons rien à vous donner, et toutes les chambres sont occupées par les Allemands. »

Peut-être me prenait-on pour un de ces bohémiens dont j'ai parlé et qui suivaient l'armée. Il est vrai que la poussière couvrait mes vêtements et ma figure était inondée de sueur. Aussi me recevait-on partout avec défiance, et quand je disais qui j'étais, on me jurait que la maison était sans une bouchée de pain.

Ces pauvres gens étaient devenus méfiants à cause des nombreux vols commis chez eux par les convoyeurs allemands. Pont-à-Mousson avait aussi été une des premières villes occupées, et même les Prussiens y avaient éprouvé un échec assez grave.

Le 12 août, des dragons et des hussards prussiens

étaient arrivés à Pont-à-Mousson, au nombre de trente ou quarante. Après avoir échangé quelques coups de feu avec des soldats français et des habitants, les dragons allèrent à la gare et se mirent à briser la voie, pour couper toute communication aux trains qui allaient à Metz. Les hussards gardaient la route.

Tout à coup, rapide comme la foudre, arrive un détachement de chasseurs d'Afrique, par la route de Metz. Leurs petits chevaux arabes semblaient voler.

Ils s'élancent sur les Prussiens qu'ils tuent ou dispersent. Une course folle s'engage dans la ville : les hussards allemands s'enfuyaient partout, poursuivis le sabre dans les reins, et beaucoup furent tués ou faits prisonniers.

C'est ce que me raconta fièrement un habitant de la ville, qui fit route avec moi pendant quelque temps.

Enfin n'espérant plus trouver ni nourriture ni logement dans la ville, j'allais remettre mon sac sur l'épaule et chercher dans un village voisin quelque auberge plus hospitalière, lorsque je me rappelai que mon père m'avait parlé autrefois d'un vieux professeur de musique, à qui il avait rendu quelque service dans le temps.

Le nom de M. Bürger me revint à la mémoire. Je résolus aussitôt de lui rendre visite, espérant sinon trouver un asile, du moins avoir des renseignements qui pussent me tirer d'embarras.

Décidé à le voir, je m'adressai au premier marchand qui se trouvait sur sa porte :

« Connaissez-vous M. Bürger, ancien professeur de musique?

— Non, monsieur. »

Telle fut la réponse que je reçus de plusieurs personnes auxquelles je m'adressai, ce qui me fit penser que l'ancien artiste avait perdu beaucoup de la célébrité dont mon père m'avait parlé.

La boutique d'un luthier se trouvant sur mon passage, l'idée d'y entrer me vint.

« Connaissez-vous M. Bürger, ancien professeur de musique?

— Le père Bürger... me dit un gros homme réjoui, parfaitement. Cependant voilà longtemps que je ne l'ai vu. Peut-être est-il parti, peut-être est-il malade. Il venait souvent ici acheter des cordes de violon, ou me chercher pour réparer son antique piano... C'est un brave et digne homme, mais les temps sont durs et l'on ne pense guère en ce moment à apprendre la musique. »

Le luthier causait avec volubilité, je l'interrompis :

« Pourriez-vous m'indiquer sa maison? »

Le marchand appela sa femme en me faisant signe de le suivre :

« Venez, me dit-il; c'est dans une rue assez éloignée et vous pourriez ne pas vous y reconnaître, dans tant de détours. Je vous conduirai volontiers : nous n'avons rien à vendre, rien à gagner; on peut bien laisser sa boutique... Vous connaissez donc le père Bürger?

— C'est un vieux condisciple de mon père. Ils avaient la même chambre, à Paris, au quartier Latin, quand M. Bürger commençait à se distinguer comme artiste, et que mon père étudiait la médecine.

— Ah! il sera content de vous voir. »

Au détour d'une rue étroite et sombre, le luthier m'arrêta :

« Nous sommes arrivés, me dit-il, le père Bürger habite ici, au troisième... au revoir! »

Je remerciai le marchand et pendant qu'il s'éloignait, je montai les marches branlantes d'un noir perron.

La maison était vieille et pauvre : un long et étroit corridor conduisait à un escalier de bois. Je montai trois étages et je frappai au hasard à une porte derrière laquelle j'entendais plusieurs voix d'enfants.

Un vieillard sec et grand vint m'ouvrir.

« Monsieur Bürger? dis-je, craignant de m'être trompé!

— C'est moi, monsieur, veuillez entrer. »

Je suivis le professeur de musique dans une chambre grande et basse, au milieu de laquelle jouaient quelques enfants avec une femme jeune encore.

« Asseyez-vous, monsieur, » me dit le professeur de musique, qui semblait gêné.

Je pris une chaise qu'il m'offrait, en disant :

« Je suis le fils d'un de vos anciens amis, Christian Pleffel, autrefois médecin à Daspich.

— Ah! Tu es le fils de Christian! s'écria le brave homme, en m'attirant vers lui et en m'embrassant de tout cœur... Pauvre vieil ami! Oui, tu lui ressembles bien, quand il était à Paris, blond et mince comme toi!... Je crois le voir encore vivant! Ah! il vaut mieux qu'il soit mort que d'être comme nous dans une si grande désolation! Et toi, tu n'es pas soldat?

— Je vais rejoindre une armée française; j'entrerai à Metz, si je le puis. Quoique n'étant pas de l'armée, comme unique soutien de ma mère, j'avais demandé avec instance à partir, mais les Prussiens nous ont surpris, et nous n'avons plus su quelle direction prendre ni à qui nous adresser.

— Et tu viens de Nancy, à pied : tu as l'air fatigué. As-tu mangé?

— J'ai cherché dans tout Pont-à-Mousson pour avoir à dîner, et je n'ai rien trouvé.

— Nous n'avons que du pain et du vin : et c'est encore une bonne fortune, car il arrive à chaque instant des troupes nouvelles, et le pain est enlevé en quelques minutes, nous allons partager. »

M. Bürger apporta une cruche pleine de vin et un morceau de pain.

« Mange, me dit-il, où vas-tu coucher?

— Je compte continuer ma route et trouver plus

facilement à coucher dans les villages éloignés du passage des troupes.

— Si je pouvais t'offrir l'hospitalité, je le ferais de bon cœur ; mais je n'ai que cette chambre et toute la famille y couche : un matelas, une couverture, voilà ce que je puis te donner. »

Je ne voulus pas gêner le pauvre homme.

« Non, je suis décidé à faire le plus de chemin possible, car j'ai hâte de quitter le pays occupé pour revoir l'armée française. Je vous remercie, monsieur Bürger, me voici restauré : je vais me remettre en route. Nous nous reverrons plus tard, moins malheureux, j'espère. En tout cas, je ferai mon devoir et je me battrai bravement.

— Oui ! va te battre, mon brave garçon. Si j'avais encore ton âge, si ce n'étaient ces enfants, cette femme à protéger, je partirais avec toi ! Car, vois-tu, c'est trop de honte ! Qui aurait jamais cru que la France serait si malheureuse ! Et ici, nous sommes seuls, sans nouvelles, au milieu de barbares qui ravagent tout le pays, insultent à nos sentiments par leurs chants, leurs fêtes !... Pourquoi ne suis-je pas mort comme ton père, sans avoir vu tout cela !... A Nancy peut-on encore parler un peu de la France? Est-on séparé du pays comme ici?

— Je ne sais rien... du moins je n'ai entendu que des bruits vagues, peu certains. L'armée du Rhin, dit-on, recule sur Paris, l'Empereur est à Metz [1] : il y a eu de grandes batailles là-bas ! »

J'avais repris mon sac et je me préparais à partir. Le vieux musicien appela sa femme et ses enfants :

« Voilà, leur dit-il, le fils d'un de mes meilleurs

---

1. On ignorait alors dans le pays déjà occupé, que l'Empereur avait quitté Gravelotte le 16 août, pour se rendre à Verdun. De là il partit pour Châlons, où il trouva le maréchal de Mac-Mahon et le général Trochu.

amis. Souhaitez-lui bonne chance, car il va se battre pour nous délivrer. »

Les enfants m'embrassèrent et la pauvre femme me salua tristement.

Il était plus de quatre heures.

M. Bürger me reconduisit sur la place, pour m'indiquer la route que j'avais à suivre.

« Deux chemins peuvent te conduire près de Metz, me dit-il. A droite de la Moselle, la route qui monte dans les collines qui nous séparent de la Seille : par là, tu iras directement à Metz, en traversant un pays qui doit être ravagé par les passages de l'armée allemande. Mais tu n'y trouveras plus de grandes masses de troupes, si ce n'est près de Metz.

Tandis que la route de la rive gauche doit être, en ce moment, couverte des troupes que nous avons vues ici, et qui veulent cerner Metz ou marcher vers la Meuse. Là, tu pourrais être exposé à de fâcheuses rencontres, à te trouver dans une escarmouche ou même dans une bataille. »

V

Je résolus donc de suivre la route de la Seille, et après avoir pris congé du vieux professeur, je me mis en marche.

Je n'étais pas sans inquiétude, car il était déjà tard et plusieurs personnes m'avaient assuré que je trouverais difficilement à manger et à me loger, parce que l'armée prussienne avait stationné dans presque tous les villages de la vallée. Des réquisitions nombreuses se faisaient aussi chez les habitants.

C'est pourquoi les paysans, par crainte et par défiance, cachaient ce qui pouvait leur rester. Ils n'avaient d'ailleurs que le maigre nécessaire et beaucoup en manquaient absolument, comme j'ai pu m'en convaincre moi-même.

Plusieurs fois je suis arrivé à l'improviste dans une auberge d'un des villages parcourus le plus souvent par les rôdeurs prussiens.

A ma vue, chacun se taisait, les mains semblaient rentrer dans les poches, une trappe se refermait bien vite : la défiance était sur tous les visages et à peine me saluait-on.

« Puis-je avoir quelque chose à manger? demandais-je poliment.

— Vous vous trompez, ce n'est pas ici une auberge, me répondait-on d'une voix sauvage.

— Cependant j'ai vu une enseigne.

— Oui... mais... qui êtes-vous?

— Je suis Français, vous le voyez bien.

— Ah! C'est différent. Avez-vous des papiers. »

Je montrais ma carte d'étudiant, une feuille des contributions, et la glace était rompue. Je devenais un frère, les mains se rapprochaient, le cercle se formait autour de moi. On trouvait bien un morceau de pain et quelquefois un verre de vin.

Après avoir laissé Pont-à-Mousson bien loin derrière moi et gravi les collines qui bordent la Moselle, je vis se dérouler au loin devant mes yeux, le blanc cordon d'une rivière, qui serpentait à travers de vertes prairies et de nombreux villages.

C'était la Seille.

A droite et à gauche, à perte de vue, de sombres forêts étendaient leur masse profonde dans les brouillards gris. Mais ce que je considérais surtout d'un œil consterné, c'est ma route, qui, aux rayons du soleil couchant se montrait longue et blanche, dans la plaine silencieuse.

Je passai devant quelques soldats prussiens, qui étaient assis sur le côté du chemin.

Ils paraissaient tristes et fatigués. L'un deux était

blessé à la jambe gauche. Ils me demandèrent la distance qui les séparait de Pont-à-Mousson.

« Vous allez sans doute au pays, me dit l'un deux, revoir la famille?

— Oui, répondis-je.

— Ah! que vous êtes heureux! Moi, je ne reverrai plus la mienne.

— Où allez-vous?

— A Paris!

— Vous n'y êtes pas encore! »

Et je partis, rêvant à cette réponse faite si naïvement. A Paris!..... Ah! je ne croyais guère alors qu'il pourrait se faire un jour, que ces Prussiens auraient dit vrai! A Paris!..... Ces mots m'irritaient : je ne pouvais comprendre l'orgueil de ces Allemands et je voyais toute la France soulevée pour les arrêter.

Je ne savais rien de ce qui s'était passé près de Metz et je pensais qu'ils avaient peut-être déjà été vaincus et repoussés.

Avide de nouvelles, avide surtout de me battre, je reprenais ma course, comme si je n'avais pas marché depuis six heures du matin et fait déjà plus de 30 kilomètres, par une chaleur tropicale, le ventre garni d'un léger morceau de pain.

Aussi je songeais à chercher un gîte et je me représentais les délices d'un lit, sinon doux comme mon bon petit lit de Nancy, du moins propre et confortable.

Telles étaient les réflexions que je faisais en trottinant sur la route.

VI

La nuit commençait à tomber. Il était près de huit heures. Un ciel sombre et couvert de noirs nuages, un temps lourd, d'une chaleur humide, annonçaient un orage.

Je suivais un chemin étroit, le long d'un bois. Aux derniers rayons du crépuscule, je venais d'apercevoir la silhouette d'un clocher, qui s'élevait comme un noir fantôme au milieu des arbres, dans la plaine.

Plein de joie, je doublais le pas, lorsqu'une voix, qui eût fait trembler un régiment de dragons, m'arrêta net, par un *Werda* des mieux accentués !

J'aperçus dans l'ombre un casque, qui brillait d'un lugubre éclat, et un fusil dirigé vers moi.

Les plus tristes réflexions vinrent m'assaillir et plus vite qu'il ne faut pour l'écrire, je me rappelai que peu de jours auparavant, un vieillard avait été tué avec son fils, dans une même rencontre. En rentrant un soir, ils n'avaient pu s'expliquer en allemand, et une balle les avait frappés dans la nuit.

Je restai silencieux, ne sachant que répondre, et craignant d'être tombé dans un avant-poste, où mon sauf-conduit n'aurait plus de valeur.

« *Werda ?* » répéta la sentinelle, et j'entendis armer le fusil.

Comment entrer en explication ? C'était beaucoup trop long : une balle pouvait m'être envoyée, devant mon embarras de répondre.

Aussi je me jetai dans un buisson et de là dans le bois, abandonnant dans les branches, près de la route, mon sac de voyage, que j'espérais retrouver plus tard.

Les balles me sifflaient aux oreilles.

J'entendis courir derrière moi : je franchis les buissons, sans voir clair, me déchirant aux épines, me blessant aux arbustes.

Après quelques instants, je m'arrêtai pour écouter, mais je n'entendais plus qu'un bruit lointain, lorsque près de moi, un craquement de branches cassées, de feuilles foulées, me fit retourner.

Jugez de ma stupéfaction, quand je vis presque sur

mon épaule se dessiner vaguement la tête énorme d'une vache. J'allais me rejeter de côté, mais j'entendis chuchoter à quelques pas.

« On a marché près de nous, disait une voix de femme ; c'est un Prussien, notre vache est perdue. Sauvons-nous.

— C'est peut-être quelqu'un du village qui se cache aussi, disait une autre voix.

— Je n'ose aller plus avant.

— N'aie donc pas peur. C'est notre dernière vache. »

Je crus devoir m'avancer de quelques pas et je dis à mi-voix :

« C'est un Français, ne craignez rien. »

Les deux femmes étaient près de moi : à ma vue elles reculèrent effrayées, mais je les rassurai de nouveau.

— Eh ! mon bon Monsieur, que faites-vous ici ? Vous êtes perdu dans le bois.

— Et vous, mesdames, à dix heures du soir !

— Nous sommes venues cacher nos vaches ; mais les Prussiens ont vu qu'il n'y en avait plus dans le village, et ils ont appris par des traîtres qu'elles étaient dans le bois. Aussi ont-ils formé un cercle de soldats autour de nous pour nous prendre. »

Je compris alors la présence de la sentinelle sur le chemin que je suivais.

« Avez-vous vu une vache, de votre côté, me demanda la plus vieille femme ?

— Oui ! à l'instant : elle n'est pas loin.

— Tenez, voilà un bâton, aidez-nous à la ramener dans le ravin. »

Je pris un bâton et je suivis les deux paysannes, faisant de comiques réflexions sur mon rôle de chasseur improvisé.

« La voilà ! » cria une femme.

Au même instant, plusieurs coups de fusil retentirent assez loin de nous : les balles passèrent au-dessus de nos têtes en sifflant.

Je crus que ces femmes allaient jeter les hauts cris, mais elles me dirent simplement :

« Voilà les Prussiens qui tirent, pour effrayer les gens cachés dans le bois : hâtons-nous, car ils resserrent leur cercle. »

Et elles frappaient la pauvre vache, pour la faire avancer à travers les broussailles et les épines. Je me mis de la partie, tantôt usant du bâton, tantôt m'attachant aux cornes de la bête.

Bon gré mal gré, nous arrivâmes dans une espèce de ravin sombre et profond, où j'aperçus à la lueur de quelques lanternes sourdes, un assemblage pittoresque de bœufs, de vaches, de chevaux, gardés par quelques paysans. Ils furent d'abord effrayés en me voyant, mais ils se rassurèrent bientôt, quand les femmes eurent parlé du service que j'avais rendu.

Cependant les coups de fusil continuèrent : on éteignit les lanternes, un silence profond régna dans notre camp. On entendait les voix lointaines des soldats qui se rapprochaient.

Il me semblait que j'étais transporté dans une caravane de chasseurs de bisons, écoutant et guettant, en silence, une troupe de sauvages.

Le cercle des Prussiens s'était tout à fait resserré : nous les entendions parfaitement près de nous. Rien ne remuait; les bêtes, comme effrayées, écoutaient en tendant la tête et flairaient l'air.

Pendant plusieurs minutes, les Allemands lancèrent quelques mots de ralliement. Une voix plus forte commanda, un mouvement se fit : nous nous crûmes perdus. Mais les Prussiens, étonnés sans doute de ce calme, s'éloignèrent, et peu à peu les voix s'éteignirent dans la nuit et nous respirâmes.

Enfin on se hasarda à parler.

« Ils sont attrapés !

— Ils doivent être furieux ! Et c'est bien mérité :

voilà déjà trois chevaux qu'ils me prennent. Je n'ai plus que celui-ci.

— Et sans vous, me dit une de mes nouvelles connaissances, notre vache aurait été prise. Vous viendrez à la maison vous reposer et manger, si le cœur vous en dit.

— Ma bonne femme, je ne me ferai pas prier, car j'ai bon appétit et surtout sommeil. Mais comment sortir du bois ?

— Suivez-nous. »

La troupe s'ébranla : quelques hommes restèrent pour garder les animaux. Je marchais à la suite de tout le monde.

Le ravin nous conduisit, après une pénible et longue marche, sur les cailloux aigus et les épines entrelacées, hors de la forêt et à l'entrée d'un village.

Chacun se glissa chez soi en silence, après avoir serré la main de son voisin. Pour moi, j'entrai avec mes compagnes dans l'une des premières maisons. Reçu parfaitement par le maître du logis, je mangeai quelques œufs, je bus un verre de vin, grand régal que je n'aurais jamais osé espérer, et j'allai me coucher dans un bon lit d'une chambre propre et coquette pour un village.

Dès que je fus seul, je songeai à mon sac de voyage, que j'avais jeté derrière les buissons, près de la route. Il contenait mes papiers, quelques vêtements et mon sauf-conduit.

Je tremblais qu'il n'eût été trouvé par quelque Prussien. Je me promis donc de retourner sur le chemin, le long du bois, dès l'apparition du jour ; ce qui ne devait pas tarder, car il était deux heures du matin, et je me couchai.

Je ne sais depuis combien de temps je dormais, lorsque je fus éveillé en sursaut par un fracas extraordinaire : c'étaient des portes qui se fermaient avec violence, des sabres qu'on traînait sur le plancher, des voix qui grondaient.

« Nous n'avons point de lit, disait la propriétaire, nous ne vendons point de vin ! Nous ne sommes pas dans une auberge. »

Un Prussien hurlait : Wein ! wein !

« Du vin ! Vous avez tout bu ! »

Et tous frappaient, tempêtaient, circulaient, criant :

« Wein, brod ! » ouvrant les armoires, tirant les bouteilles.

Enfin, je les entendis se diriger vers ma chambre. La porte s'ouvrit. Je fis semblant de dormir, fermant les yeux à demi.

Quatre ou cinq soldats de la ligne entrèrent, portant une lanterne, qu'ils vinrent mettre sous mon nez.

Je me levai en criant :

« Que voulez-vous ?

— Gute nach ! » me dit en riant un des soldats.

Un sous-officier me fit signe de me lever.

« Nous avons des blessés qui ont besoin de repos, » me dit-il.

Je m'habillai aussitôt, lorsqu'un jeune officier, qui, regardant mes vêtements couverts de poussière et d'une coupe qui, d'ailleurs, ne sentait pas le village, s'approcha de moi et me demanda en bon français :

« Qui êtes vous ? »

Je voulus lui expliquer ma situation.

« Vos papiers ? »

Je lui racontai ce qui m'était arrivé la veille au soir, sans parler ni du ravin, ni des femmes que j'avais rencontrées.

« D'ailleurs il serait possible, ajoutai-je, de retrouver mon sac et mon sauf-conduit. »

Comme le jour commençait à paraître, il me donna un soldat pour m'accompagner. Je priai une des femmes, qui m'avaient amené, de m'indiquer la route, et nous partîmes.

Après un quart d'heure de marche, je reconnus

parfaitement le chemin que j'avais suivi la veille, entre le bois, à gauche, et les jardins du village, à droite.

En cherchant soigneusement sur le bord du bois, dans les buissons, je retrouvai mon sac, couvert de rosée. Il aurait été difficile que, dans l'obscurité, les Prussiens pussent le rencontrer.

Je revins donc à la maison. Après une lecture attentive de mes divers papiers, l'officier me laissa libre, en m'engageant à m'éloigner de Metz, « où, me dit-il, j'éprouverais de grandes difficultés et je pourrais être arrêté, malgré mes papiers, comme espion, dans les avant-postes. »

VII

Je pouvais à peine me tenir sur mes jambes, car la longue route de la veille m'avait extrêmement fatigué, et j'avais les pieds ensanglantés.

Malgré cela, je poursuivis mon chemin, et après une heure de marche, j'arrivai sur la crête des collines qui ferment, à droite, la vallée de la Seille.

De là, quel spectacle imposant et magnifique vint s'offrir à mes regards! Une grande plaine s'étendait devant moi, bornée à l'horizon, de tous côtés, par des montagnes. Au fond, une côte élevée détachait sa masse noire et sombre du reste de la chaîne. Sur le sommet, aux premiers rayons du soleil, resplendissaient les murailles blanches et hautes d'un fort : c'étaient la côte et le fort St-Quentin.

Plus loin, encore un autre fort presque invisible dans le brouillard bleu! Devant moi, une masse de pierres, imposante, lourde, c'était le fort de Queuleu.

Dans le bas de la vallée, entourée de cette ligne formidable, la vieille ville de Metz, avec son antique cathédrale, ses châteaux crénelés, ses maisons noires. La Moselle roulait, dans cet amas de maisons, ses flots bleus, d'où s'élevaient de blancs et légers nuages.

Plus près, dans des taillis, derrière des plis de terrain, des camps ennemis étaient cachés, des postes circulaient, une grande armée se réveillait et se préparait !

Ajoutez à tout cela la voix terrible du canon qui grondait au loin, dans les forts, comme un sourd murmure, et vous comprendrez l'émotion qui me saisit à ce spectacle merveilleux.

La route se divisait en deux branches : l'une allait directement sur Metz, l'autre obliquait à droite.

La première était couverte de convois, qui venaient de mon côté, et de postes ennemis, placés derrière les massifs d'arbres. Je ne pouvais m'y engager sans danger; aussi je pris le chemin de droite, vers l'Est, pensant que du côté de Sarrebrück, il devait y avoir moins d'Allemands que du côté de la Moselle.

Cette route, cependant, était couverte de voitures qui se dirigeaient vers l'Allemagne. C'étaient des convois de blessés qui allaient lentement, accompagnés de soldats.

Dans de longues voitures, étendus sur la paille, gisaient pêle-mêle des blessés français et prussiens, de toute arme. Près d'un uhlan, un zouave; près d'un cuirassier blanc, un grenadier de la garde.

A chaque pas, j'en rencontrais d'autres, et ils me regardaient fixement avec leurs grands yeux creux !

Que s'était-il passé? Quelle bataille terrible? Était-ce une victoire ou une nouvelle défaite? Ils arrivaient tous de la direction de Metz! Je songeai alors aux bruits qui s'étaient répandus à Nancy au sujet de combats gigantesques.

C'était donc vrai!

Comment ne pas maudire ceux qui déclarent la guerre, en voyant ces files innombrables de blessés, dont les plaintes me perçaient le cœur! Que de pauvres mères, que de fiancées, espéraient là-bas, bien loin, tandis que leurs fils, leurs fiancés, s'en allaient mourants ou estropiés, couchés sur la paille, entre les baïonnettes prussiennes!

Oh! Je vous assure que ceux qui ont vu cela n'aiment plus la guerre.

En arrivant dans un village, près d'une grande route, je trouvai les rues encombrées par les voitures de ces blessés. Je m'approchai de l'une d'elles, sur laquelle un artilleur, assis, fumait silencieusement. Il avait le bras gauche coupé!

« Salut, mon pauvre camarade, lui dis-je, où avez-vous été blessé?

— A Gravelottte.

— On s'est donc battu autour de Metz?

— Oui! Nous les avons battus, à Borny d'abord; puis de l'autre côté de la Moselle, partout, à Mars-la-Tour, à Gravelotte! Oh! Je ne sais comment il en reste encore, tant nous en avons tué! Mais plus il en tombait, plus il en arrivait. Je crois que toute l'Allemagne s'est déchaînée sur nous! »

Je serrais la main au pauvre blessé.

« Espérez, lui dis-je, en m'éloignant, que la France tout entière se lèvera aussi et qu'on repoussera dans leur pays cette nuée d'envahisseurs!

— Oui! Vive la France! » s'écria l'artilleur, et il se remit à fumer fiévreusement, pendant que je m'éloignais.

Tout le long de la rue des voitures de blessés stationnaient, en attendant le signal du départ. Les soldats prussiens de l'escorte étaient assis sur les bancs des maisons, le fusil entre les jambes, et la longue pipe de porcelaine à la bouche.

Aucun bruit, que celui des plaintes, des soupirs! Pas de chants, comme après une victoire! Et qui eût pu chanter, au milieu de cet hôpital ambulant! quand, à tout instant, une nouvelle victime venait s'ajouter à celles qui étaient déjà tombées sur le champ de bataille !

J'avais hâte de quitter cette rue sombre, où la triste guerre m'était apparue pour la première fois dans toute sa réalité et mon cœur sembla soulagé d'un poids pesant, quand je me vis seul dans la campagne. J'avais lu sur la dernière maison du village que je venais de quitter, ce nom gravé dans ma mémoire : Verny [1] !

Je traversai encore quelques hameaux qui semblaient déserts, tous situés dans un vallon, sur les bords d'un large ruisseau.

Mais la faim qui me tiraillait l'estomac, et surtout la soif, me firent sentir que l'heure était avancée.

J'étais arrivé sur la grande route de Château-Salins à Metz : cette ville avait disparu, cachée derrière les côtes.

A l'entrée d'un village, à droite de la route, je m'arrêtai mourant de soif près d'une fontaine, d'où j'essayai en vain de tirer de l'eau au moyen d'une roue de fer. J'avais beau tourner, rien ne venait. Un paysan, qui d'un champ voisin m'avait aperçu, me cria :

« C'est inutile de tourner, il n'y a plus d'eau. La sécheresse et le passage de la cavalerie allemande ont épuisé le peu d'eau qui nous restait.

— Où donc pourrais-je avoir seulement un verre d'eau?

— Venez avec moi ! »

Le brave homme me conduisit à travers le village, jusqu'à sa maison, qui était blanche et très propre pour un tel endroit.

« Entrez, me dit-il, il est midi, et nous allons dîner : vous mangerez la soupe avec nous, et vous aurez un verre de vin, au lieu d'eau. »

---

1. Chef-lieu de canton, à quelques kilomètres de Metz.

Pendant le court chemin que nous avions fait, j'avais mis mon hôte au courant de mes affaires.

« Je n'ai pas besoin de savoir qui vous êtes, m'avait-il répondu ; vous êtes Français, je le vois bien, vous êtes de l'âge de mon fils unique qui est soldat à Metz, cela me suffit. Je pense qu'un autre ferait pour lui ce que je fais pour vous. »

La femme de ce brave homme me reçut comme son enfant, et elle se mit à pleurer quand je lui dis que je voulais aller rejoindre l'armée française.

On me servit une bonne soupe au lard et je bus avec eux à la santé de leur fils et à la fortune de la France !

J'ai encore le cœur plein de reconnaissance, quand je pense à l'hospitalité de ces bons paysans [1].

J'appris que j'étais à Frontigny, près du chemin de fer de Metz à Forbach, à 10 kilomètres de Metz.

« Il n'est pas impossible d'entrer à Metz, me dit mon hôte, car, il y a deux jours, j'ai pu encore aller voir mon fils, et des marchandes du pays y vont le matin porter du laitage. Mais en sortir est moins aisé et je crains bien que, depuis hier, les communications ne soient plus difficiles, car il est arrivé de nombreuses troupes allemandes. Enfin tentez toujours l'épreuve, avec votre sauf-conduit, peut-être aurez-vous quelque chance. »

VIII

Après avoir remercié ces bonnes gens, je suivis un sentier en bas de la ligne ferrée, dans la direction de Metz. Je marchais depuis une demi-heure, lorsque je me trouvai devant une barrière, à la jonction de la route et du chemin de fer.

[1]. Oh ! Si jamais ces lignes tombent sous leurs yeux, elles apprendront à ces dignes Français que je n'ai pas oublié leur bienveillant accueil.

Tout le pays semblait avoir été dévasté, comme si une trombe puissante était passée là, peu de jours auparavant : les arbres étaient coupés ou arrachés, les maisons noircies par le feu n'avaient plus de toits : partout des ruines! Je ne savais pas alors que j'étais arrivé sur les limites du champ de bataille de Borny.

A la barrière, je m'arrêtai pour demander à la femme du garde, qui était sur la porte de sa maisonnette, si je pouvais sans danger continuer à suivre la route vers la citadelle.

« Je ne sais pas, me répondit-elle, avec un fort accent allemand. Il y a deux uhlans à cheval, derrière la maison : vous avez dû les voir. Je vais leur demander si l'on peut passer.

— Non, non, m'écriai-je, s'il faut avoir affaire aux Prussiens, je préfère aller plus loin. »

Mais il n'était plus temps : les soldats que je n'avais pas vus, étaient déjà près de nous. Je les vois encore avec leurs grandes lances et leurs longs chevaux maigres. Ils demandaient déjà à la femme ce que voulait cet étranger avec son sac rouge sur l'épaule.

« Ce jeune homme me demandait si on pouvait aller à Metz, leur dit en allemand la femme du garde.

— Non, répondit un des uhlans.

— Alors je vais retourner, dis-je, et je me préparais à m'éloigner de cette barrière, où je ne me sentais pas en sûreté.

— Non, cria le même soldat, nous sommes ici de garde pour arrêter les étrangers qui se hasardent près des postes avancés. Il faut que vous nous suiviez jusqu'au premier poste. »

Je crus alors pouvoir me tirer d'affaire, en montrant mon sauf-conduit, mais les uhlans, après avoir bien lu et relu, ne voulurent pas entendre raison.

« C'est une simple formalité, répondirent-ils. Mais je vis bien qu'ils riaient en dessous : il croyaient sans doute avoir fait une bonne capture; peut-être pensaient-ils que j'étais un espion.

Il fallut donc les suivre jusqu'au premier poste, qui se trouvait à un kilomètre de là, dans les champs.

Un orage, qui menaçait déjà depuis quelque temps,

Les uhlans.

venait d'éclater : la pluie tombait par torrents et venait rendre encore ma situation plus triste.

Nous arrivâmes bientôt au poste, qui se composait de quelques uhlans, étendus sur la paille humide, derrière un amas de feuillage qui ne les abritait guère.

Ils étaient là, couchés pêle-mêle, à la pluie, pleins

de boue, dormant ou fumant, tandis que quelques vedettes surveillaient la campagne, dans la direction d'un village que je reconnus être Peltre[1].

J'étais venu là autrefois, lorsque j'étais élève du lycée de Metz et je commençais à entrer dans un pays que j'avais parcouru souvent. Quelle différence avec ce qu'il était autrefois et ce que je le voyais aujourd'hui !

Un sous-officier vint poliment me prier de m'asseoir, en attendant l'officier, qui était plus loin et qu'un soldat partit avertir. Tous les uhlans me regardaient en dessous, riant et chuchotant.

Moi je ne savais comment se terminerait mon aventure.

L'officier arriva : il était tout jeune, très grand et très pâle. Il s'entretint quelque temps avec les deux uhlans de la barrière, qui lui expliquaient sans doute comment ils m'avaient arrêté !

« Qui êtes-vous, d'où venez-vous, où allez-vous ? » me demanda l'officier en excellent français.

Je répondis simplement aux deux premières questions ; quant à la troisième, je ne pouvais dire que j'allais à Metz, ce qui eût fait soupçonner à l'instant ou que je voulais servir dans l'armée française, ou que j'avais une mission à remplir : l'un et l'autre cas étaient passifs de peine de mort, d'après les édits prussiens affichés partout.

Je répondis donc « que selon la liberté que me donnait un sauf-conduit, délivré par l'autorité allemande, je me rendais près de ma mère, veuve et infirme, sur la frontière du Luxembourg. » Je montrai en même temps ce papier que l'officier examina attentivement.

---

1. Ce pauvre village, qui se trouve sur la ligne de Metz à Forbach, a été incendié quelques jours après par les Prussiens. Les habitants étaient coupables d'avoir reçu les Français dans une sortie. Une heure leur fut donnée pour quitter le village et aussitôt le feu fut mis méthodiquement.

« Ce sauf-conduit m'étonne, dit-il, car votre pays n'étant pas encore occupé, vous pourriez être libre de rejoindre l'armée française.

— On le croyait occupé, à Nancy.

— Nous verrons : je vais écrire quelques mots au commandant du second poste, en haut de Jury : il décidera. Je ne puis rien faire par moi-même. » Il traça deux ou trois lignes sur une carte et ordonna à un uhlan de me conduire au second poste avancé.

Il me fallut traverser un long espace de champs détrempés par la pluie : le chemin était pénible, car nous montions une colline assez raide.

J'enfonçais à tout instant dans la terre, et mes souliers étaient devenus lourds comme d'énormes sabots.

Le uhlan prit mon sac devant lui, sur son cheval, et je pus marcher plus facilement.

Nous arrivâmes bientôt dans un bosquet, où se trouvait une troupe assez nombreuse de Prussiens. C'étaient des dragons : je les reconnus à leur tunique bleu de ciel et à leurs grands sabres, sur lesquels ils s'appuyaient.

Sous une espèce de longue tonnelle, près d'un chalet en bois, quelques officiers mangeaient et buvaient, assis devant une table garnie de jambon [1]. Le soldat leur remit le billet, qu'ils lurent sans me regarder. L'un d'eux y ajouta plusieurs mots, et le uhlan s'en retourna.

Un dragon prit sa place et me fit signe de le suivre.

Nous continuâmes à monter : je me rappellerai toujours qu'en arrivant en haut de la côte, la ville de Metz m'apparut tout à coup, bien plus rapprochée et plus visible que sur la route de Verny.

J'en étais à peine à deux lieues.

Je voyais briller les toits d'ardoise aux rayons du

---

1. C'était au château de Mercy. Il fut incendié le même jour que Peltre.

soleil, qui s'était montré de nouveau comme pour me faire voir une dernière fois cette ville encore libre et vierge !

Tout près, devant moi, étaient les forts noirs et terribles ! Il me semblait que d'un saut j'aurais pu m'élancer dans la ville. J'étais effrayé à la pensée que les Prussiens dominaient la ville de si près. Je ne pouvais comprendre comment on les avait laissés s'installer sur ce plateau.

Ils pouvaient de là voir tout ce qui se passait entre les remparts, et même avec une lunette, plonger dans les rues, car tout m'apparaissait en détail.

Cette vue m'avait tellement ému, que je ne songeai plus à suivre le dragon, qui me conduisait. Il me cria d'avancer. Je vis alors autour de moi, une foule de soldats de la ligne, à demi-cachés dans des trous circulaires, et surveillant la plaine.

Au pied de la côte, on tirait de temps à autre des coups de fusil et je voyais la fumée blanche sortir des massifs d'arbres, du côté de Metz. C'étaient des Français qui tiraillaient avec les Prussiens ! Souvent aussi une colonne de fumée s'élevait d'un des forts, et un coup de canon ébranlait l'atmosphère.

Je pensais en voyant tout cela :

Ils n'auront jamais une ville si forte, c'est impossible !

Cependant nous étions arrivés dans un ravin, au milieu d'un petit bois [1] où se trouvait une maison de garde-chasse. Là était une troupe nombreuse de soldats de la ligne, et près de la maison une grande table comme en haut de la côte.

Le dragon me conduisit devant un officier supérieur entouré d'une douzaine d'autres officiers de tous grades. Le chef avait de grosses épaulettes d'or : il était grand, sec, avec de longues moustaches blanches.

1. Le bois d'Ars-Laquenexy.

Il lut le billet que lui remit le dragon et me dit en français :

« Avez-vous quelques papiers qui puissent vous faire connaître! »

Je lui présentai mon sauf-conduit.

Il regarda sur une petite carte qu'il avait dans sa poche et chercha du doigt le village de Daspich.

« Daspich! dit-il, ce pays n'est pas encore occupé. On n'a pas pu vous délivrer un tel sauf-conduit.

— A Nancy, on croyait que les environs de Thionville étaient déjà en votre possession. J'ai reçu ce sauf-conduit au palais du gouverneur. Voici d'ailleurs le certificat d'identité donné par le maire de Nancy et plusieurs papiers qui vous prouveront la vérité! »

L'officier lut tout avec attention et causa quelque temps à voix basse avec ses voisins.

« Comment se fait-il que vous soyez venu vous jeter dans les avant-postes prussiens! Votre route était d'éviter Metz et de faire au moins un détour pour arriver chez vous.

— Je me suis trompé : je demandais quelques renseignements sur mon chemin à la barrière, en bas de la côte, quand vos soldats m'ont arrêté. Je voulais m'éloigner, mais ils m'ont conduit de poste en poste.

— Bien. Nous verrons tout à l'heure ce que nous avons à décider. »

Il commanda à deux soldats de me garder à quelques pas, pendant qu'on visitait soigneusement mon sac de voyage.

Rien de suspect ne s'y trouvant, je fus rappelé devant l'officier, qui m'ordonna de me déshabiller, et chacun de mes vêtements fut retourné avec minutie.

Enfin cette visite terminée :

« Ne vous étonnez pas, me dit l'officier, si nous avons procédé à une recherche si sévère. A tout moment, on nous amène des espions bien pourvus de papiers et de certificats. Pour vous, rien ne prouve le contraire de ce que vous avez dit. Aussi je vais vous faire remmener hors des postes, de là au camp de Courcelles-sur-Nied, d'où vous serez reconduit à Nancy, avec un corps de troupes, qui va s'y rendre. Quant à aller à Daspich, il n'y faut pas songer, avant que toute la vallée de la Moselle ne soit occupée. »

Je fus vivement contrarié en entendant ces paroles. Retourner à Nancy, recommencer ma route si longue, moi qui me croyais presque à mon but, moi dont les pieds ensanglantés n'avaient de force que par l'espoir d'être bientôt au milieu des Français!

« Monsieur, répondis-je à l'officier, je suis très fatigué de la marche forcée que j'ai faite depuis deux jours. Je pourrais retourner à Nancy moi-même, après m'être reposé dans un village voisin. Je suis incapable de recommencer à l'instant une pareille route.

— Le corps d'armée qui se rend à Nancy ne part que demain et il ira à petites journées. Vous ne serez en liberté qu'autant que, à Nancy, on aura expliqué votre sauf-conduit. »

Après ces mots, l'officier, qui avait tracé quelques lignes sur un papier, le donna au dragon, et lui fit signe de me reconduire.

Nous reprîmes la même route. Au dernier poste, près de la barrière, deux uhlans furent chargés de m'emmener à Courcelles-sur-Nied[1], qui se trouvait sur le chemin de fer, à une lieue de là.

IX

Quelles amères réflexions je faisais en marchant sur le chemin étroit, qui conduisait au village, entre la voie ferrée et le bois!

---

1. Sur le chemin de fer de Metz à Forbach. Courcelles était un des camps les plus importants de l'armée d'investissement.

J'allais donc être obligé de retourner à Nancy, sans espoir d'en pouvoir sortir! Et cela avec une escorte de Prussiens, comme un malfaiteur! Cette pensée n'était pas cependant la plus cruelle : ce qui me faisait le plus souffrir, c'était de me voir forcé de rester inutile, dans un pays occupé, tandis que j'aurais été si heureux de combattre ces Allemands.

Je marchais ainsi près des deux uhlans, cherchant en vain un moyen d'échapper au sort qui me menaçait, mais je n'en trouvais aucun.

Déjà le village était devant nous. Sur la route, allaient par longues files des troupes allemandes de toutes sortes. Je vis tour à tour passer près de nous, un régiment de cuirassiers blancs, des dragons, de l'artillerie.

Tous se dirigeaient vers Metz.

Il était six ou sept heures, quand nous atteignîmes Courcelles. Ce pauvre village était à demi ruiné : la gare, l'église, beaucoup de maisons, ne conservaient plus que quelques pans de murs noircis. La rue qui longeait la grande route, était pleine de troupes, de voitures, de canons.

Jamais je n'avais vu un pareil brouhaha! Sur le chemin de fer, un train arrivait chargé de soldats, et je ne vis pas sans surprise de nombreux prisonniers français [1], qui attendaient, sur la voie, qu'un train les emmenât sans doute en Prusse.

Je pensais que je pourrais profiter de ce désordre tumultueux, pour m'échapper, car, à tout moment, je me trouvais séparé de mes gardiens, qui pourtant me surveillaient de près.

Enfin nous arrivâmes devant une maison où était écrit, en grosses lettres, ce mot : Commandatur.

Un des uhlans descendit de cheval et entra dans la maison, pendant que l'autre soldat et moi, nous restions devant la porte.

1. Ils appartenaient en grande partie à la garde impériale.

La rue étroite était encombrée de voitures d'ambulance, et, en ce moment, arrivaient d'autres convois qui n'avaient pour passer que l'espace très resserré, occupé par le cheval du uhlan.

Je me jetai entre les voitures d'ambulance et celles qui passaient, et, pendant que le soldat faisait tourner son cheval, pour éviter un choc, je me glissai sous les roues du convoi arrêté, et j'entrai dans le corridor d'une maison, vis-à-vis.

Le uhlan n'avait pu me voir : d'ailleurs me poursuivre lui eût été impossible, car aucun passage n'existait pour son cheval. Je ne sais ce qu'il fit.

Quant à moi, sans m'arrêter, je cours le long du corridor, je traverse une écurie, j'entre dans un jardin, d'où je sors en sautant une petite haie, et je me trouve sur les bords d'une rivière. C'était sans doute la Nied. Sans tarder, je vais me cacher dans les roseaux qui bordent la rive et là j'attends sans souffler. J'avais raison en pensant que le uhlan n'avait pu voir dans quelle direction j'avais fui, car personne ne parut sur l'étroit sentier qui séparait la haie de la rivière.

J'étais d'ailleurs invisible dans ma cachette. Mes pieds commençaient à prendre l'humidité. Cependant je n'osais me montrer, car j'étais persuadé qu'on avait dû donner des ordres pour me faire rechercher dans le village, ou surveiller l'entrée et la sortie de la rue.

Je restai pendant une heure dans l'eau, où j'enfonçais de plus en plus. Cependant la nuit arrivait : je résolus de suivre la rivière jusqu'à ce que le village eût disparu.

J'avançais lentement, restant le plus possible dans les roseaux et les touffes de saules. Au moindre bruit, je m'arrêtais et m'abaissais. Après avoir marché ainsi quelque temps, j'arrivai près d'un pont, sur lequel passait la grande route que nous avions suivie dans la soirée.

La rivière baignait les deux côtés du pont : il fallait retourner ou traverser la route. Mais je vis parfaitement deux sentinelles, qui se promenaient à chaque extrémité du passage, et me hasarder à le traverser malgré les voitures qui circulaient, c'eût été me faire prendre.

Peut-être l'eau sous la voûte était-elle peu profonde et je pouvais tenter de passer le long d'un des côtés. Je continuai donc à suivre le bord de la rivière et j'entrai dans l'eau le plus doucement possible.

Il y avait, en effet, peu d'eau : jusqu'au genou à peine. J'avais atteint l'autre côté sans avoir été aperçu, lorsqu'en voulant grimper le long du talus, pour regagner la rive, je glissai dans l'eau avec bruit. Mon sac m'échappa; en même temps, une sentinelle cria sur le pont et comme je ne répondais pas, un coup de feu partit.

J'avais senti comme un coup de fouet sur l'épaule gauche, mais sans m'occuper de ce qui m'avait frappé, je m'élançai sur le bord et courus à travers champs.

Il faisait assez noir et je ne voyais plus le pont, mais j'entendais beaucoup de bruit dans la direction de la route. Excité par le désir d'échapper enfin à ces Allemands, et de me voir libre de nouveau, je continuais à courir dans les terres, distinguant à peine le terrain à trois pas devant moi.

Mais peu à peu je sentis mes jambes fléchir sous moi, une douleur vive me dévorait à l'épaule. Je m'arrêtai affaibli, pour y porter la main : mon paletot était déchiré et je retirai ma main humide. Je compris que j'avais été atteint par la balle du Prussien. La pensée d'être blessé gravement et de rester sans secours au milieu des champs, me rendit quelque force.

Je marchai péniblement vers des lumières que je voyais au loin. C'était un village.

X

Je craignais d'être revenu à Courcelles, en prenant une fausse direction : néanmoins, comme le silence le plus complet régnait dans les environs, j'entrai dans une rue et je frappai à la première porte qui se trouva sur mon passage.

Un homme vint ouvrir.

« Que voulez-vous? me dit-il, en tenant prudemment la porte à demi fermée.

— Je suis un Français égaré et blessé : laissez-moi seulement me reposer cette nuit chez vous.

— Entrez, mon pauvre homme, me dit le paysan, en ouvrant sa porte au large, entrez! Je ne suis pas riche, mais pour un Français j'aurai toujours un lit et du pain! On a bien défendu de cacher les prisonniers échappés, mais personne ne saura que vous êtes chez moi. »

Il referma la porte solidement et me fit entrer dans une cuisine où se trouvaient une vieille femme et une petite fille. Mon hôte était un vieillard courbé et tout blanc, mais qui paraissait, malgré son âge, encore vif et agile.

« Pauvre enfant, dit la femme, comme il est pâle! vous avez faim, vous êtes fatigué?

— Il est blessé, répondit l'homme. Voyons, où souffrez-vous?

— Oh! Vous êtes tout couvert de sang, reprit la bonne vieille, en ôtant mon paletot. Les brigands! Peut-on arranger un homme comme cela!

— C'est à l'épaule, » dis-je en cherchant à me maintenir ferme.

Mais ma tête tournait, mes yeux voyaient trouble, et je tombai sans connaissance sur une chaise.

Quand je revins à moi, j'étais dans un bon lit, au fond d'une alcôve noire.

La petite fille, qui me guettait, appela aussitôt :
« Grand'mère ! »
Et la vieille femme accourut.
« Eh bien, êtes-vous mieux ? me demanda-t-elle.
— Oui, je me sens très bien. Je vous remercie beaucoup.
— Nous n'avons pas de médecin au village, et il vaut mieux que personne ne connaisse votre présence ici, car il y a toujours des méchants et des traîtres. J'ai lavé votre blessure, aidée par mon mari. C'est peu de chose : l'épaule a été labourée par une balle, a dit mon mari, qui a été soldat de l'empire et blessé aussi ; mais la balle a glissé le long de l'épaule, et c'est la perte du sang qui vous a affaibli, avez-vous faim ?
— Oui, ma bonne dame, j'ai grand appétit et je mangerai volontiers. »

Elle sortit et revint bientôt avec du bouillon. Le brave vieillard entra en même temps :
« Je vois que cela va mieux, mon garçon, s'écria-t-il ; allons, du courage, ce ne sera rien : une égratignure à l'épaule. J'en ai vu bien d'autres, moi, dans le temps !
— En tout cas, je ne sais ce qui serait arrivé, si je n'avais trouvé votre bonne hospitalité.
— Ne parlons pas de cela. Vous vous êtes donc échappé des mains de ces Prussiens ? »

Je racontai à ces braves gens comment j'étais arrivé à leur porte et je leur dis que j'avais l'intention de continuer ma route le plus tôt possible, pour aller revoir ma mère et de là rejoindre une armée française, si je le pouvais.

« Reposez-vous ici tant que vous n'aurez pas repris vos forces, me dit la grand'mère. Nous vous soignerons comme si vous étiez notre fils. Nous en avons un qui est dans la mobile, à Metz, et peut-être une autre mère fait-elle pour lui ce que je fais pour vous.

Voici sa fille, ajouta la bonne vieille, en caressant la pauvre petite qui pleurait; quant à sa femme, elle est là-bas, derrière l'église : elle n'a pu résister à son anxiété, chaque coup de canon qui retentissait était pour elle un coup mortel. »

Tous les trois se mirent à pleurer, et moi, je maudissais la guerre ! je pensais à ma pauvre mère, qui peut-être me croyait mort aussi, et qui peut-être aussi avait été brisée par la crainte et les émotions !

Je pensais à ma bonne Wilhelmine, qui avait tant rêvé mon doctorat pour nous voir mariés et tranquilles dans notre petite maison.

XI

Je restai jusqu'au lendemain chez ces braves paysans, qui voulaient me retenir encore. Mais me sentant tout à fait reposé, je leur dis que j'étais décidé à partir dès cinq heures du matin, pour arriver plus tôt à Daspich, qui se trouvait au moins à 9 ou 10 lieues, au nord.

Après avoir embrassé plusieurs fois la bonne grand'mère et la petite fille, je partis avec le vieillard, qui voulut me montrer la vraie direction, et me faire tourner le village [1], où des Prussiens étaient arrivés en grand nombre.

Il me conduisit à plus d'une lieue de loin, jusque sur les bords de la Nied. Après avoir traversé un pont, il m'arrêta.

« Maintenant je vais vous faire mes adieux, me dit-il; vous n'avez plus qu'à marcher tout droit pour arriver à Sainte-Barbe, d'où vous apercevrez parfaitement votre pays. Vous voyez, au loin, percer à travers le brouillard, comme une masse énorme, ce

---

1. Sanry-sur-Nied, au sud-est de Courcelles.

gros clocher carré? C'est celui de Sainte-Barbe : on le voit de cinq ou six lieues à la ronde.

Évitez d'aller vers la gauche, parce que le pays est rempli de postes prussiens : c'est le champ de bataille de Borny. Une grande bataille a eu lieu là, le 14 août. En cet endroit même où nous marchons, il y a quelques jours, les balles et les boulets tombaient comme la grêle, et la terre était couverte de morts et de blessés.

Regardez à gauche : vous verrez Laquenexy, Colombey, à 3 kilomètres, c'est là que se trouvaient les troupes prussiennes; un peu plus loin, Borny, sur un plateau : là étaient les Français. Comme ce pauvre pays, si vert, si gai autrefois, est désert et triste aujourd'hui ! Partout des fermes brûlées, des arbres brisés, des villages ruinés !

Voilà l'œuvre de la guerre ! Voilà ce que peut causer l'ambition d'un seul homme. »

Le vieillard ne pouvait s'arracher à ce spectacle désolant. Cependant il me prit la main et la serra fortement :

« Adieu, dit-il.

— Non, au revoir, car je ne vous oublierai pas et je reviendrai vous remercier plus tard [1]. »

Il était déjà loin qu'il me fit encore un dernier salut. Plus tard ! J'avais dit : plus tard ! Et je le croyais ! Ah ! je ne pensais guère que, plus tard, il faudrait s'exiler, sans oser revenir près de ceux qu'on aime ! Je ne pensais guère que mon pays serait séparé de la France qu'il aime tant !

Je disais : plus tard ! parce que je croyais à la victoire : j'étais plein d'espoir, comme tous les Lorrains, et ce n'est qu'à la dernière minute que j'ai compris tout notre malheur !

Ce qui n'empêche pas qu'aujourd'hui j'espère plus que jamais !

---

[1]. Malgré mes recherches, je n'ai pu retrouver cette noble et brave famille. Puisse ce souvenir parvenir jusqu'à elle.

J'avançais donc plein de confiance à travers le frais brouillard du matin. A gauche, j'entendais les trompettes prussiennes, qui sonnaient le réveil dans les camps.

Mais je ne m'en inquiétais pas : j'étais si près du but ! Chaque pas que je faisais me rapprochait des miens et de la liberté, puisque les Allemands eux-mêmes avaient dit que Daspich n'était pas encore occupé.

Je dépassai plusieurs villages, laissant quelquefois la grande route pour suivre les sentiers de traverse, quand je voyais des Prussiens au loin, mais ne me détournant jamais de mon point fixe, qui était le gros clocher de Sainte-Barbe.

Partout je voyais les traces du grand combat qui s'était livré sur ce plateau, quelques jours auparavant. Après deux ou trois heures de marche, pendant lesquelles je ne vis de soldats prussiens qu'à une longue distance, je dépassai la route de Sarrelouis et j'arrivai à l'entrée de Sainte-Barbe.

Les environs étaient couverts de troupes, qui surveillaient la route. Près du village, un parc d'artillerie, des canons à perte de vue ! Dans la rue des soldats allaient et venaient en foule.

Deux sentinelles, avec leurs longs fusils sur l'épaule, se promenaient de chaque côté de la route, devant la première maison.

Je ralentis un peu le pas, me demandant si je ne ferais pas mieux de prendre un chemin détourné, pour éviter le camp prussien. Mais à gauche, la route allait vers Metz et le danger était bien plus grand ; à droite, je ne voyais que forêts et ravins impraticables : dans le fond, des côtes élevées et coupées à pic.

Je compris alors pourquoi les Prussiens gardaient si bien Sainte-Barbe : c'était le seul passage entre la vallée de la Nied et celle de la Moselle, au-dessus de Metz. En effet, je vis bientôt se dérouler à mes yeux toute la grande plaine de Thionville. On se trouvait là, en haut d'un plateau élevé, dont l'accès était défendu par une pente rapide et des bois. La route que j'avais devant moi, descendait avec une inclinaison très prononcée et une fois le village passé, j'entrais pour ainsi dire dans mon pays.

Cette idée me donna du courage : c'était mon dernier danger, il fallait le braver hardiment. Je m'avançai donc d'un pas ferme dans la rue, les sentinelles me regardaient étonnées, mais elles ne me disaient rien. Je pouvais être un habitant du village, rentrant au logis, après un voyage.

A la sortie, même succès ! J'osais à peine croire à mon bonheur et j'étais déjà loin que je craignais d'entendre le mot fatal : halte !

Mais non ! J'étais bien libre, j'étais sorti du grand cercle d'investissement autour de Metz ! Les forts blanchissaient derrière moi, dans le ciel gris.

Je voyais les côtes de Thionville, la Moselle avec ses eaux bleues, les villages que je connaissais depuis mon enfance ! Je respirais l'air du pays ! Oh ! comme j'étais heureux en ce moment ! Je ne sentais plus la fatigue et je regardais les cinq ou six lieues qui me restaient à faire, comme une promenade.

« Je suis libre, me disai-je, ils n'ont pas encore foulé ce sol béni ! Je puis crier : Vive la France ! sans crainte. » Mais je me trompais, car déjà les Prussiens avaient visité toute la route, jusque près de Thionville, sur la rive droite de la Moselle, où je me trouvais, et ils venaient de descendre, pendant cette nuit même sur les bords de la rivière. C'est ce que j'appris dans un village, où je m'étais arrêté pour manger. Cependant ils n'avaient fait que passer, en éclaireurs, et n'avaient encore imposé aucune réquisition dans le pays.

XII

Je suivais depuis deux heures les bords de la Moselle, assez occupé de savoir comment je pourrais traverser la rivière, pour atteindre Daspich, situé à deux kilomètres, de l'autre côté.

On m'avait dit partout que les bateaux avaient été brûlés ou emmenés à Thionville, parce que les Prussiens pourraient s'en servir.

Comment faire? Traverser la Moselle à la nage était impossible, les eaux étaient hautes, le lit large et je n'étais pas assez habile.

Et pourtant je voyais de l'autre côté les maisons blanches de Daspich, avec leurs toits rouges dans les arbres et les jardins !

A quelques kilomètres était tout ce que j'aimais ! J'avais bien souffert pour arriver là, et près d'atteindre le but, il fallait m'arrêter !

C'est en proie à ces tristes réflexions que j'entrai dans le village de Guénange, où je savais qu'il y avait autrefois un bac.

Que de fois j'étais venu dans ce village, à la fête, avec tous mes parents et ceux de Wilhelmine. Que de fois nous avions couru dans la grande prairie, le long de la rivière, en regagnant ce bac, qui nous reconduisait sur la rive gauche !

Aussi je descendis machinalement la rue qui conduisait à l'eau. Tout le village était sur pied : les gens causaient par groupes, sur leurs portes, ou au milieu de la rue, regardant vers la route, dans la direction de Metz. Tous semblaient être dans un grand état de surexcitation. On me regardait de travers, car j'avais la figure bien noire et bien maigrie, les vêtements déchirés et blancs de poussière.

Comme je passais près d'un groupe d'hommes, l'un deux m'arrêta.

« Où allez-vous, me dit-il ?
— A Daspich.
— Vous ? A Daspich ! Qui êtes-vous de Daspich ?
— Christian Pfeffel, le fils de votre ancien médecin.
— Suivez-moi à la mairie, il y a trop d'espions, il faut que vous prouviez que vous êtes bien Christian Pfeffel. »

J'allais le suivre quand un bruit s'éleva dans le village.

Un dragon prussien arrivait au galop.

« Le bourgmestre, le bourgmestre, criait-il.
— C'est moi, » dit l'homme qui m'avait interrogé.

La foule entoura le maire et le Prussien et personne ne pensait plus à moi, lorsque j'aperçus l'instituteur, que j'avais vu plusieurs fois chez mon père.

Il me reconnut aussitôt et m'emmena chez lui :

« Venez, me dit-il, je vous ferai passer la rivière. Une barque est cachée dans les saules, pour que les Prussiens ne puissent la prendre.

Nous nous attendions continuellement à leur présence, car on les voyait rôder aux environs. Voilà le premier qui soit entré chez nous, et c'est ce qui vous explique le trouble qui régnait ici. Si vous n'aviez pu prouver votre identité, on vous aurait fait un mauvais parti, car tout le pays est plein d'espions, et la population, énervée par une tension d'esprit continuelle, croit voir des traîtres partout. »

Dix minutes après, la petite barque m'avait conduit sur l'autre rive. Daspich était à peu de distance : tous les obstacles étaient rompus, je n'avais plus qu'à voler vers ceux que j'aimais.

XIII

Les personnes qui n'ont pas visité la Lorraine aujourd'hui annexée, ne peuvent se faire une idée du mouvement, de la vie, de la gaieté qui animaient, il y a quelques années, ce pays si favorisé de la nature.

Dans un paysage charmant, au milieu de collines boisées, de plaines vertes, entrecoupées de ruisseaux, une profusion de villages, entourés d'arbres fruitiers, de champs, de vignes; une agriculture prospère avec une industrie active. Voilà ce que nous avons perdu, voilà ce que les Allemands voient disparaître peu à peu aujourd'hui, car les prairies deviennent jaunes et se dessèchent, la charrue reste rouillée dans un sillon commencé, les hauts fourneaux ne rougissent plus les collines de leurs feux flamboyants, les villages sont tristes : le vide, la solitude ont remplacé la vie!

L'annexion a tout chassé!

Elle était pourtant bien belle la petite maison de ma mère, avec ses murs blancs, à demi cachés sous les feuilles de vigne et de pêcher.

Il était gai le petit jardin où elle cultivait ses fleurs chéries et les fruits qu'elle me gardait pour les vacances!

Sur le devant, de l'autre côté de la route, se trouvait un bosquet de coudriers, qui séparait notre maison du grand moulin de M. Frank, le père de Wilhelmine, celle qui m'avait été fiancée dès le plus jeune âge.

Le village était un peu plus loin, sur la gauche, du côté de Metz.

Des fenêtres de ma petite chambre, on pouvait voir le plus charmant des paysages.

Vis-à-vis, à une lieue à peine, s'élevait la chaîne grise des Ardennes orientales, avec ses montagnes couvertes d'épaisses forêts : une grande vallée s'ouvrait en contours gracieux entre deux côtes élevées. De tous côtés, des villages se montraient au milieu des arbres. C'était comme un vaste jardin avec des maisons de campagne!

Plus loin, la fumée des forges de Wendel formait un noir panache, qui glissait sur les bois.

La vallée de Daspich.

A droite, la plaine était plus étendue, toujours parsemée de villages, comme une grande ville dont les maisons seraient séparées par des bosquets : à l'horizon, les côtes pointues du Luxembourg, et plus près Thionville, dont la dernière enceinte était à peine distante de 3 kilomètres.

A gauche, Daspich, avec sa rue toujours animée; puis la plaine de la Moselle, toujours la plaine, large, immense, jusqu'à Metz.

Après avoir traversé de longues prairies, j'étais arrivé derrière le bosquet du moulin, par un sentier, sans avoir passé par le village : personne ne m'avait vu, et, de la place que j'occupais, il m'était facile de regarder tout ce qui se passait dans la maison de ma mère.

Je la vis assise sur le banc de chêne, devant la porte : elle préparait le souper, avec la vieille Magdeleine, servante fidèle qui m'avait élevé.

Elles étaient silencieuses, elles ordinairement si gaies; on voyait que leurs pensées étaient bien loin! Sans doute, elles songeaient à leur pauvre Christian, qu'elles ne croyaient guère si près d'elles!

Une larme chaude coula sur ma joue et j'allais m'élancer pour leur dire :

« Me voici! Ne pleurez plus! »

Mais je connaissais la nature sensible et nerveuse de ma mère : une telle surprise pouvait lui faire beaucoup de mal. La prudence l'emporta sur mon amour et je résolus d'aller au moulin, d'où M. Frank pourrait aller apprendre à ma mère mon arrivée inattendue.

Je traversai le bosquet et j'entrai dans le jardin, qui aboutissait au pavillon habité par les gens du moulin.

La première personne que je rencontrai fut le bon père Frank, tout couvert de farine, toujours gros et réjoui. Il courut au-devant de moi, en criant :

« Est-ce un revenant ou bien est-ce mon petit Christian? Dans quel état arrives-tu, mon pauvre garçon! Ah! c'est ainsi que tu laisses tes amis sans nouvelles! Mais tu es tout pâle; entre donc, que je te fasse boire un verre de mon vieux Guentrange! »

Et le brave homme m'embrassait, me regardait, se reculant pour mieux me voir, puis me serrait dans ses bras! Il me serrait si fort que je criai, car mon épaule me faisait mal.

« Es-tu malade? me demandait-il, en m'introduisant dans la grande chambre.

— Non, c'est une légère blessure à l'épaule.

— Blessé! Toi! où donc? Comment?... Et ta mère, elle doit être bien heureuse et bien effrayée à la fois.

— Je ne me suis pas encore montré à elle : j'ai peur que l'émotion ne la tue. Je suis venu tout droit chez vous, pour vous prier d'aller la prévenir doucement.

— J'y cours. Assieds-toi.

— Et Wilhelmine?

— Oui, oui! Je vois bien que tu regardes de tous côtés, depuis que tu es là. C'est bon : elle va venir. Tu la verras chez ta mère, cela vaudra mieux, tu seras reposé!... Viens avec moi, tu te cacheras derrière les arbres, jusqu'à ce que je te fasse signe. »

Nous retournâmes au bosquet. Je restai en arrière, tandis que le père Frank, pouvant à peine garder son sérieux, cherchant à ne pas sauter de joie, s'avançait vers ma mère.

« Wilhelmine n'est pas avec vous? demanda-t-il, en faisant la grosse voix, pour se donner une contenance.

— Non, répondit ma mère, elle est venue, il y a une heure, mais je crois qu'elle est retournée dans sa chambre.

— Ah!... C'est que... j'aurais aimé de vous voir là, toutes les deux...

— Pourquoi?

— Parce que j'ai une bonne nouvelle...

— Une nouvelle, dit ma mère, en se levant, et

s'avançant d'un bond vers le père Frank, une bonne nouvelle? »

Elle était devenue pâle, et sa main, appuyée sur le bras du meunier, tremblait.

« Là, là... Soyez calme! C'est de Christian...

— Oh! parlez, parlez, je vous en prie.

— Il se porte bien d'abord, et il ne sera pas longtemps sans pouvoir revenir.

— Comment savez-vous cela? dit ma mère fiévreusement.

— Vous êtes trop agitée, je ne dirai plus rien. Et s'il arrivait demain, ce soir... quelle joie, n'est-ce pas? Eh bien, il arrive, on l'a vu...

— Oui, me voici, » m'écriai-je ne pouvant plus résister à mon impatience, et me jetant au cou de la pauvre femme, qui tombait sur le banc, étourdie par la joie!

Le père Frank avait couru au moulin et quelques minutes après, Wilhelmine était avec nous, pleurant, riant, allant de ma mère à moi, et ne sachant plus où donner de la tête.

Cependant l'espérance, la volonté d'arriver au but, m'avaient seules soutenu jusque-là et m'avaient fait oublier la fatigue et la douleur causée par ma blessure.

Une fois les grandes émotions passées, je me sentis très affaibli. La pâleur de mon visage avait trahi ma souffrance, il fallut me coucher.

Ma mère et Wilhelmine restèrent longtemps à causer près de mon lit, maudissant les Prussiens; et la vieille Magdeleine jurait d'éventrer le premier qui oserait franchir le seuil de la maison.

XIV

Le lendemain, grâce à de tendres soins et à une longue nuit de repos, je me trouvais bien mieux. Ma mère aurait voulu me faire rester encore au lit, mais j'étais trop impatient de revoir la maison, le jardin, de causer avec ma mère sur la porte, de pouvoir répondre aux nombreuses questions que Wilhelmine m'avait faites.

Et puis la nouvelle de mon retour s'était répandue dans le village et tous les amis venaient pour me voir.

Je descendis donc dans la chambre qui donnait sur la rue. Déjà le père Frank et Wilhelmine s'y trouvaient avec ma mère.

Plusieurs voisins arrivèrent pour me serrer la main et savoir des nouvelles de la guerre. Parmi eux se trouvait le père Karcher. Je lui dis que son fils était bien portant, mais qu'il avait été fait prisonnier aux environs de Metz et qu'il aurait sans doute bientôt des nouvelles d'Allemagne.

Il fut bien surpris et affligé de tout cela, car personne dans le pays ne voulait croire aux succès des Prussiens et l'on pensait qu'ils avaient été battus autour de Metz.

Chaque fois que le canon grondait, ils disaient :

« Voilà encore Bazaine qui joue un tour aux Prussiens ! »

Et les fables circulaient : on parlait de régiments ennemis entiers jetés dans la Moselle, et les paysans se frottaient les mains de joie !

Pauvres gens, quelle déception les attendait !

Je leur racontais tout ce que j'avais vu et entendu, et ils serraient les poings, en disant :

« Quel malheur, quel malheur ! »

Et les femmes tremblaient, en pensant que les Allemands pourraient entrer bientôt au village.

« Si seulement nous avions des armes, disait le père Frank, comme on les recevrait à coups de fusil ! Mais que faire avec deux ou trois chasseurs, au pays, qui n'ont que des plombs !

— Peut-être n'oseront-ils s'approcher si près de Thionville; et ils n'ont pas de ponts pour passer la Moselle, disaient les autres. »

Mais ce n'étaient pas les rivières qui pouvaient les arrêter.

Ma mère et Wilhelmine pleuraient; les hommes songeaient à leurs fils qui étaient à Thionville, et moi, j'étais triste, parce que je pensais qu'il allait falloir nous séparer encore. J'étais résolu, aussitôt reposé, à tenter l'entrée dans Thionville, avant que la place ne fût cernée par les troupes allemandes.

Ce jour-là, nous étions allés au moulin passer la soirée chez le père Frank : Wilhelmine était venue nous chercher et nous étions partis bras dessus bras dessous, causant des beaux jours écoulés et un peu de l'avenir.

Nous nous étions promenés dans le grand jardin, pour revoir les fleurs et les arbustes que nous avions plantés et quand la nuit était venue, nous avions rejoint les vieux, dans la grande chambre, où l'on se rassemblait pour les soirées d'hiver.

Le père Frank était allé chercher une cruche de son vieux vin de Guentrange et nous nous pensions revenus au bon temps.

A la nuit, le vent s'était élevé et il commençait à pleuvoir.

Tout à coup le garçon meunier entra, il était très pâle.

« Les Prusssiens! dit-il, à demi-voix, ils arrivent dans le village! »

Nous nous levâmes tous les quatre : le père Frank courut à son fusil, suspendu au-dessus de la porte; ma mère et Wilhelmine se serrèrent l'une contre l'autre, toutes tremblantes; moi, j'en avais trop vu pour les craindre, et je m'élançai vers le meunier :

« Laissez cette arme, monsieur Frank, elle ne servirait qu'à vous faire égorger, avec tout le village. Que voulez-vous faire seul contre une armée. »

Il remit son fusil, car il avait oublié dans le premier mouvement de colère qu'il n'avait que des plombs de chasse.

D'abord des cavaliers passèrent au galop, puis bientôt nous vîmes par la fenêtre, dans l'ombre, une armée tout entière, qui trottait sur la route, sans s'arrêter. Le bruit lourd des pieds qui frappaient le sol avait quelque chose de lugubre.

« Ils veulent sans doute surprendre Thionville, me dit tout bas le père Frank, car leur vraie route était plutôt le long de la Moselle. Puisse le ciel les confondre ! »

Ils étaient déjà loin, lorsque quelques coups de feu retentirent.

« Les Français veillent, s'écria le père Frank, l'œil en feu. Viens voir, Christian.

— Non, dit ma mère, ne sortez pas : on va peut-être se battre dans le village. Une balle peut vous atteindre. »

Le bruit des coups de feu se rapprochait; la route se remplissait de soldats allemands qui revenaient. Ma mère et Wilhelmine tremblaient comme des feuilles agitées par le vent.

« Montez dans ma chambre en haut, sur le jardin, leur dit le meunier, et fermez les volets. »

Je conduisis les deux pauvres femmes en lieu sûr, pendant que le père Frank fermait solidement les portes. Ensuite je montai au grenier pour tâcher de voir à travers une lucarne ce qui se passait au dehors.

A la lueur des coups de fusil, je voyais les Prussiens se rapprocher de la maison : ils se retournaient à chaque pas, pour tirer. Les uhlans déchargeaient leurs gros pistolets et se sauvaient aussitôt.

Plus loin, une fusillade bien nourrie les poursuivait et de temps à autre un uhlan tombait et son cheval se sauvait dans la rue.

En peu de temps, les Prussiens disparurent, grâce

à l'obscurité, et des cavaliers vinrent se poster derrière les murs du moulin.

Après avoir attendu quelques instants, je descendis dans la chambre où se trouvaient ma mère et Wilhelmine, qui, enfermées dans les ténèbres, étaient pleines d'anxiété.

« C'est fini, leur dis-je, les Prussiens se sont sauvés. »

Elles m'embrassèrent bien fort et descendirent avec moi.

Les portes étaient ouvertes, en bas, et le père Franck causait avec les dragons français. Quelques francs-tireurs de Thionville arrivèrent bientôt et tous les gens du village se montrèrent peu à peu.

Un officier nous dit qu'on avait su que les Prussiens devaient faire une tentative sur Thionville, qu'il n'y avait eu ici qu'une rencontre de reconnaissances, mais que le gros de l'armée devait être de l'autre côté de la Moselle, sur la route d'Illange.

On entendait, en effet, le canon au loin ; mais quelques coups seulement furent tirés et nous pensâmes que les Prussiens, se voyant attendus, n'avaient pas continué l'attaque.

Les soldats restèrent sur pied toute la nuit, mais rien ne vint de nouveau troubler la tranquillité du village.

XV

Après avoir serré la main du père Franck et embrassé Wilhelmine, nous étions retournés à la maison, ma mère et moi.

Je ne pus m'endormir parce que la pensée d'entrer le lendemain à Thionville et d'y servir d'une façon quelconque dans l'armée, me tenait en éveil.

J'étais honteux de rester là un jour de plus, tandis que tout le monde aurait dû se lever contre l'ennemi.

J'étais bien fatigué encore, c'est vrai; j'avais ma mère veuve et seule, qui pouvait avoir besoin de mon secours, dans ce moment de trouble et de luttes

Francs-tireurs.

sauvages! Mais rien ne semblait pouvoir m'excuser, si je restais plus longtemps.

Je résolus donc de partir le lendemain matin avec les francs-tireurs, qui devaient rentrer à Thionville.

Dès le lever du jour, je fus sur pied. Mon cœur battait avec violence : je n'osais descendre dans la chambre de ma mère, tant je craignais de lui annoncer ma résolution.

Elle savait que la loi m'avait exempté du service,

et elle n'avait pas songé que, dans une époque de malheur, comme la nôtre, il fallait tout sacrifier pour la patrie!

Je fis mon petit paquet à la hâte et m'armant de courage, je vins près d'elle.

Mes traits étaient bien contractés, car elle vit aussitôt qu'il y avait quelque chose en l'air; elle me regarda longuement, de son grand œil triste, sans parler : elle avait compris!

« Mère, lui dis-je, il faut que j'aille à Thionville! »

Elle s'affaissa sur une chaise et se mit à sangloter. Je pris sa tête dans mes mains pour lui baiser le front.

« Il le faut, car tu rougirais de ton fils!

— Mon Dieu, s'écria-t-elle, en se levant toute fiévreuse, quand donc tous mes maux seront-ils finis? J'avais cru mon enfant perdu, je l'avais retrouvé, et aujourd'hui je vais le perdre encore, peut-être pour toujours! O Christian, laisse-moi aller avec toi, au moins je te verrai souvent, je te soignerai, si tu es malade, je mourrai avec toi, si tu es tué! Oui, je veux t'accompagner : près de toi, je ne craindrai rien.

— Viens chez M. Frank, il nous donnera conseil. »

Nous sortîmes pour aller au moulin : j'espérais que Wilhelmine et son père calmeraient ma mère et la décideraient plus facilement à rester.

« Vous êtes matinals aujourd'hui, nous dit le meunier. Quoi de nouveau?

— Je viens vous dire au revoir, car je vais partir pour Thionville et tâcher de servir dans l'armée qui s'y trouve.

— Tu es un brave, s'écria le meunier, en me prenant la main, et je t'en estime davantage. Mais je vois que cela fend le cœur à ta pauvre mère..... Allons, madame Pfeffel, du courage! Il ne sera pas loin de nous, à trois kilomètres! Nous pourrons avoir de ses nouvelles quelquefois et il sortira peut-être de notre côté! D'ailleurs qui dit que les Prussiens reviendront se frotter aux murs de la ville? Une victoire des Français peut les appeler ailleurs.

— Si Christian va se battre à Thionville, pourquoi ne le suivrais-je pas? dit ma mère. J'ai des amies dans la ville, j'aurai toujours un asile assuré, et je serai là pour veiller sur lui.

— Et moi, je resterai donc seule ici? » demanda une voix douce et pleine de larmes.

C'était Wilhelmine : elle avait entendu ce dont il s'agissait et elle vint pleurer sur mon épaule.

En voyant autour de moi tous ceux que j'aimais, triste et silencieux, mon cœur saignait, mais je dis d'une voix entrecoupée par l'émotion :

« Ma pauvre Wilhelmine, ma mère restera près de toi : je serai plus brave et plus heureux, en vous sentant ensemble, sous la garde de M. Frank. Peut-être ne serai-je pas longtemps sans me retrouver au milieu de vous et alors rien ne nous séparera plus. »

J'avais dit, la veille au soir, à l'officier des francs-tireurs l'intention où j'étais de les accompagner à Thionville, et ce ne fut pas sans un vif serrement de cœur que je le vis entrer et annoncer que le détachement allait se mettre en marche.

Ma mère avait perdu tout sentiment; Wilhelmine, plus forte, m'embrassa une dernière fois et courut la secourir : le père Frank essuyait une larme en cachette.

Je suivis le franc-tireur sans retourner la tête et le village disparut derrière les arbres. Au milieu de tant d'émotions, la pensée que j'accomplissais un devoir sacré me consolait un peu et j'étais fier d'avoir eu du courage.

XVI

Après une heure de marche, nous entrions dans Thionville, par la porte de Metz. Toute la plaine que nous avions traversée était triste et déserte : on avait coupé les beaux grands arbres des routes et les remparts montraient à découvert leur masse grise, chargée de canons menaçants.

La ville était remplie de soldats de toute sorte, de paysans des villages voisins qui s'y étaient réfugiés avec leurs familles et leur ménage : les habitants eux-mêmes ne pouvaient rester chez eux et ils circulaient au milieu des canons et des voitures, avides de nouvelles. La place surtout, ordinairement si calme, avait une physionomie pittoresque.

Sans m'arrêter à regarder tout cela, je courus aux bureaux de la place et j'en ressortis bientôt avec quelques mots pour le commandant de la garde mobile qui m'incorpora aussitôt dans son bataillon.

Les premiers jours de ma vie de soldat furent employés à apprendre l'exercice. Ensuite j'allais me promener dans les rues pour écouter le bavardage des groupes rassemblés ou lire les dépêches affichées à l'hôtel de ville.

Quelquefois je montais sur les remparts, du côté de Metz, d'où je pouvais voir les maisons de Daspich, perdues au loin dans les arbres.

Rien n'était venu interrompre la monotonie de notre séjour, et comme la place n'était que rarement inquiétée par les reconnaissances prussiennes, je pus recevoir quelques nouvelles de Daspich et faire donner des miennes, par des paysannes qui s'introduisaient en ville pour apporter des provisions.

Ma bonne mère avait repris courage, et Wilhelmine était toujours près d'elle. Toutes deux parlaient de leur Christian et du moment où elles le posséderaient pour ne plus le quitter.

Telles étaient les bonnes choses que me racontaient les messagères, en m'apportant toujours un souvenir que je conservais précieusement.

Mais bientôt toute relation avec l'extérieur cessa :

une forte armée prussienne forma un cercle étroit autour de la ville et le blocus commença, avec ses cruelles souffrances.

Oh! quelle situation douloureuse que celle d'une population enfermée dans une enceinte de fer, au milieu d'ennemis qui lui ôtent toute relation avec le reste du monde!

Non! Vous ne pouvez vous figurer la torture morale qu'on éprouve!

Chacun se demandait ce qu'on faisait dans la France libre encore, ce que nos armées étaient devenues. On avait entendu le canon du côté de Metz; le 31 août, toute la journée, il avait retenti, tantôt se rapprochant, tantôt s'éloignant.

Chacun s'écriait:

« C'est Bazaine qui sort, il va venir à Thionville, il va traverser les Prussiens qui cernent Metz! »

Et l'on courait sur les remparts, regardant au loin si les Français n'arrivaient pas. Tout le monde espérait dans Bazaine, et cette idée n'est tombée que le jour où la chute de Metz fut connue.

Souvent aussi le canon se faisait entendre du côté des montagnes, et chacun de s'écrier:

« Mac-Mahon arrive: il se joindra à l'armée de Metz et malheur aux Prussiens! »

Ainsi, chaque jour, l'imagination exaltée de la population enfantait de nouveaux rêves, et cependant rien ne venait nous rassurer!

Plusieurs sorties, souvent heureuses, ranimaient le courage et des troupes et des habitants. Des prises importantes furent faites sur les Allemands et on rentrait en ville avec les prisonniers et les voitures capturées, au milieu des cris de joie du peuple.

Quelquefois aussi, des parlementaires venaient aux portes, sommer la ville de se rendre, et vous jugez comme on les recevait!

Un soir, dans les premiers jours de septembre, une

nouvelle terrible, ou plutôt une rumeur vague, se répandit dans la ville : tout le monde était arrêté dans les rues, sur la place; personne n'osait interroger, encore moins répondre.

Je me souviens encore de ce soir funeste : j'étais allé, en sortant de monter la garde, chez mon ami Kuntz, le pharmacien, dans la grande rue.

Quand j'ouvris la porte, je le trouvai assis dans son vieux fauteuil, la tête dans ses mains et pleurant.

« Qu'avez-vous, lui dis-je, mon cher Kuntz! Un malheur est-il arrivé chez vous? »

Il se leva sur ses grandes jambes et me dit :

« Mon pauvre Christian, nous sommes perdus : l'armée de Mac-Mahon est prisonnière, après avoir été vaincue à Sedan, et l'empereur a livré son épée. La République est déclarée à Paris. »

Et il me raconta que tout était affiché au long à l'hôtel de ville, qu'un parlementaire était encore venu sommer la ville de se rendre, en lui annonçant ces tristes nouvelles et mille autres choses que m'expliqua le pauvre pharmacien.

Cependant je ne pouvais croire à tant de malheurs, et la ville resta toujours dans le doute. D'ailleurs n'avions-nous pas à Metz une armée puissante? La plus vieille armée de France, celle qui avait combattu dans tant de pays!

Nous ne devions pas encore désespérer.

Mais depuis quelques semaines, les canons de Metz restaient silencieux : on s'étonnait que le maréchal ne fît pas une grande sortie.

Des journaux apportés par des paysans qui réussissaient à s'introduire dans la place, nous apportaient des nouvelles étranges sur les affaires de Metz.

On ne savait plus que penser, mais on attendait toujours.

Un matin, je traversais la place d'armes; je fus surpris du tumulte et du désordre qui régnaient dans la

Les poings se levaient sur lui.

foule. Un homme était au milieu d'un groupe menaçant : les poings se levaient sur lui et pourtant il semblait soutenir énergiquement ce qu'il disait.

Je m'approchai de cette foule irritée, et je frémis en entendant l'homme s'écrier :

« Oui, c'est vrai : Bazaine a trahi, il a capitulé et les Prussiens sont dans Metz !

— C'est un espion, disaient quelques personnes, il faut l'arrêter !

— C'est un traître, écrasons-le, » disaient les autres. Mais l'homme continuait :

« Je suis Français comme vous, et aussi affligé que vous : mais j'ai vu, moi, j'étais là, et je suis venu pour que vous preniez garde, car après Metz, c'est sur Thionville qu'il se jetteront. »

Je ne sais ce qu'on fit à cet homme, car je me sauvai tout bouleversé. Kuntz m'arrêta en chemin.

« Où courez-vous, dit-il ? Venez chez moi ! » Je fus étonné de son air grave.

« Savez-vous ce qu'on dit, lui demandai-je ?

— Oui, mais rien ne m'étonne plus. »

Je le suivis et nous causâmes longtemps de tout ce qui était arrivé et de ce qui nous menaçait encore.

Il espérait que la République nous sauverait, parce qu'elle réunirait tous les partis pour lutter contre l'ennemi.

« On fera une levée en masse, disait-il, et ce n'est que par ce moyen qu'on pourra résister à un ennemi aussi nombreux. Oui ! que tout le monde s'unisse, qu'on oublie les querelles, les divisions de partis, et vous verrez, Christian, que nous chasserons ces brigands de la France ! La France ! voilà le seul mot qui doit guider tout le monde, et c'est pour la patrie que chacun doit combattre et non pour son parti. »

Ainsi parlait le vieil ami Kuntz, en se promenant dans sa pharmacie.

Pendant que nous causions, un homme entra tout

couvert de bosses et de plaies : je reconnus le malheureux sur qui la foule s'était acharnée sur la place. Il avait été délivré par la garde et venait demander les soins de Kuntz.

Lorsque le pharmacien eut visité ses blessures et lui eut procuré quelques soulagements, je lui demandai pourquoi il avait annoncé de pareilles nouvelles à une foule trop irritée par les souffrances du blocus.

« J'ai dit ce que j'ai vu, répondit-il ; je croyais rendre service et si j'avais su être si maltraité je me serais tu. »

Il nous raconta qu'il était allé à Metz, le 29 octobre, au matin, pour voir son fils, mais que celui-ci, qui était soldat dans la garde, était déjà parti comme prisonnier.

« Vous ne pourriez me croire, ajouta-il, si je vous disais tout ce que j'ai vu sur la route de Ladonchamps à Metz.

Les soldats français étaient emmenés par les Prussiens dans une grande prairie, où ils avaient dressé des tentes dans la boue, par une pluie battante.

Les uns attendaient là le signal du départ pour la Prusse ; d'autres sortaient seulement de Metz comme j'arrivais : les Prussiens les poussaient à coups de crosses de fusil, et s'ils tombaient dans les fossés, on les laissait là, enfoncés dans la boue !

Jamais ce spectacle ne sortira de ma mémoire et bientôt on saura ici que j'ai dit vrai. »

Le lendemain, la nouvelle de la capitulation de Metz fut confirmée : on apprenait avec stupeur que Bazaine avait capitulé avec 173,000 hommes.

Ah ! comme nous étions trompés !

XVII

Depuis la reddition de Metz, le blocus était devenu bien plus rude et les Prussiens avaient resserré le cercle d'investissement.

Aucune nouvelle ne parvenait plus du dehors : d'ailleurs la ville se préparait au bombardement. On avait ordonné aux habitants de prendre toutes les précautions nécessaires : les pavés étaient couverts de terre ; chaque marchand fermait son magasin et l'abritait sous des planches ; on jetait de l'eau sur les toits et du sable dans les greniers.

Sur les remparts, les canons étaient prêts à répondre aux ennemis, à ruiner leurs travaux. Chacun brûlait de faire son devoir courageusement.

Les Prussiens, malgré le feu violent de la place, avaient établi des batteries sur les hauteurs environnantes.

Le commandant de Thionville avait fait demander aux assiégeants de laisser sortir les femmes et les enfants. Mais les barbares avaient refusé ! Et ils osaient dire pourtant que ce n'était pas à la France ni au peuple qu'ils faisaient la guerre !

Non content de brûler une malheureuse ville, il leur fallait encore des victimes innocentes, parmi les faibles femmes et les enfants qui pleuraient.

Oh! quelle colère je ressentis, quand j'appris ce refus honteux pour l'humanité! Comme je compris la haine immense qui poussait ces hommes du Nord! Et comme je tremblais pour la pauvre mère et la faible fiancée, qui étaient au milieu d'eux, là-bas!

Le 22 novembre, nous étions sur les remparts, dès le grand matin. Bientôt les batteries prussiennes lancèrent sur la ville des obus, qui sifflaient dans l'air comme le vent dans les sapins.

Ils tombaient, de tous côtés, sur les batteries françaises, qui répondaient vivement et souvent faisaient taire les ennemis, sur les maisons dont les murs tremblaient et dont les toits volaient en poussière.

Toute la journée, les braves Thionvillois restèrent sur les remparts et tant qu'un canon fut entier sur son affût, on répondit aux Allemands.

Mais vers le soir, les morts étaient nombreux, les canons étaient brisés, et l'on n'entendait plus que le sifflement des obus ennemis dans les rues et le sourd grondement des canons lointains.

Le feu qui avait pris à plusieurs maisons éclairait le ciel d'une lueur sinistre et chacun se sauvait dans les caves pour échapper à la mort. Je courais dans les rues, avec les soldats et les pompiers, pour porter secours aux victimes de cette affreuse destruction : nous suivions les murs, tandis que les cheminées se brisaient à nos côtés et que les éclats des bombes voltigeaient sur nos têtes.

Que devaient penser, en ce moment, ma mère et Wilhelmine? Sans doute qu'elles regardaient épouvantées ces flammes rouges qui s'élevaient dans les airs. Elles me croyaient peut-être enseveli dans ce désastre!

Qui savait ce que nous allions devenir? Toute la ville n'allait-elle pas périr écrasée sous cette pluie de feu, ou brûlée sans que personne pût s'échapper!

Pendant deux jours, les obus ne cessèrent de tomber et tour à tour, l'église, l'hôtel de ville, la sous-préfecture, les casernes, des rues entières s'affaissèrent en noirs monceaux de pierres fumantes!

Enfin il fallut hisser le drapeau blanc : Thionville n'existait plus, et les Prussiens allaient posséder un tombeau : belle gloire d'entrer triomphants au milieu de ruines, d'entendre les cris des blessés, les pleurs des orphelins, et de dire : C'est nous qui avons fait cela!

Le matin du 25 novembre, ils devaient occuper la ville et 4,000 hommes de plus allaient se voir enlever à la France et emmener en Prusse.

La ville était dans un désordre affreux : les habitants sortaient des caves, chacun voulait reconnaître sa maison, elle n'existait plus! On se comptait, beaucoup manquaient à l'appel.

Quelques mobiles, exaltés par la honte et la douleur, voulaient mettre le feu aux poudrières et faire sauter la ville. Effrayée par cette nouvelle menace, la population sortait par les portes, qui venaient de s'ouvrir. C'était partout des cris, des lamentations!

Les soldats avaient l'ordre de se masser près de la porte de Trèves, pour déposer les armes et de là être emmenés en Allemagne.

Je voulus, avant de partir, donner quelques mots à Kuntz pour ma mère et ma fiancée. Comme je courais chez lui, sautant au-dessus des décombres tout chauds qui remplissaient la rue, je m'entends appeler; c'est M. Frank avec Wilhelmine!

Je tombe dans leurs bras sans pouvoir dire une seule parole et je les entraîne dans la boutique de mon ami Kuntz! Sa maison, quoique plusieurs fois ébranlée, était encore assez droite, et il put nous donner un petit coin pour causer.

Wilhelmine avait les yeux gonflés de larmes, le père Frank était pâle comme un mort, lui ordinairement si rose.

« Et ma pauvre mère, demandai-je, vous ne me parlez pas d'elle.

— Ah! elle a été bien effrayée de tout ce qu'elle a vu et elle est au lit, malade de chagrin et affaiblie par tant d'émotions!

— Elle est malade! je l'ai bien pensé quand je vous ai vus seuls! Pauvre mère!

— Dès que nous avons appris la nouvelle de la capitulation, reprit le père Frank, elle m'a dit de courir, de savoir ce que tu étais devenu et de te ramener, si je le pouvais : elle t'attend!

— Eh bien, je vais essayer de trouver un vêtement civil et nous tâcherons de gagner Daspich.

— Si tous les miens n'avaient pas été brûlés, je vous en aurais offert un, me dit Kuntz, mais je n'ai plus que ce que je porte sur moi.

— Merci, mon brave Kuntz, le mien aussi a été brûlé à la caserne, mais il y a un tailleur au bout de la rue : restez ici quelques instants, j'y cours. »

Je sortis, mais, en ce moment, les Prussiens ramassaient dans les rues les traînards, qui n'avaient pas rejoint le reste de la troupe française. En voyant venir une trentaine de soldats français conduits par des uhlans, je voulus retourner, mais deux ou trois cavaliers me poursuivirent et me forcèrent de rejoindre les autres.

J'étais donc pris : il fallait renoncer à la lueur d'espérance qui m'avait ranimé un instant ! Il fallait abandonner ma mère, que je ne reverrais peut-être plus !

Je repassai devant la pharmacie : je vis M. Frank qui me regardait avec de grands yeux troubles, pendant que Kuntz montrait le poing aux uhlans et soutenait ma pauvre Wilhelmine évanouie ! Je leur lançai de loin un triste adieu et nous fûmes bientôt hors de la ville, massés dans les champs près de la route, en attendant le départ pour la Prusse !

XVIII

Il faut que l'homme soit bien fort pour résister aux émotions, aux douleurs morales qui viennent parfois l'accabler.

Je ne sais comment j'ai pu conserver ma raison au milieu de tant d'événements cruels ! Il m'était impossible d'arracher mes regards de cette plaine désolée, où ma mère se mourait, appelant son pauvre Christian, où Wilhelmine, heureuse un instant d'une douce espérance, m'avait vu entraîner par les Prussiens !

Pauvres parents et amis, pauvre maison, vous reverrai-je encore ? A quoi avait servi mon dévouement ! A donner une victime de plus aux Allemands ! Mais j'ai fait mon devoir et c'est là ma seule consolation au milieu de tant de souffrances !

Telles étaient mes pensées, et je restais attaché au sol, malgré les cris des soldats, qui hurlaient :

« Forwerts, forwerts ! En avant, en avant ! »

On nous dispersa tous en Allemagne : je fus envoyé à Coblentz, avec quelques-uns de mes compatriotes. Là, enfermés dans de noires et froides baraques, au fort de Pétersberg, nous passions la journée à causer de la France, du village et de la guerre.

Pour moi, à peine arrivé, je me fournis de papier et d'encre pour écrire à ma mère et à mes chers amis de Daspich.

Je remis cette lettre au vaguemestre :

Coblentz, fort de Pétersberg, 30 nov. 70.

Ma chère mère,

« Je viens d'arriver à Coblentz, pour y rester comme prisonnier de guerre. Ma première pensée et ma première occupation ont été de t'écrire pour te rassurer sur ma santé.

Elle est aussi bonne que possible.

Je t'en prie, ne te fais plus de chagrin, je crains trop que ta santé ne s'affaiblisse : Cette pensée me rendrait malade moi-même.

Wilhelmine et son père t'ont raconté comment j'avais été emmené par les Prussiens, au moment où nous formions le projet de partir à Daspich.

C'est notre dernière épreuve, va, ma bonne mère, et avant peu, je l'espère, ton Christian sera près de toi.

Nous ne sommes pas trop loin, ici, de notre pays. Nous nous trouvons campés dans un fort, à la pointe formée par la jonction de la Moselle et du Rhin. On nous a logés dans de grandes baraques, où tiennent bien cent soldats.

Une simple palissade, formée de gros pieux et de fils de fer, marque la limite de notre prison. Nous

Le départ des prisonniers.

sommes gardés par des postes composés de cavaliers, tantôt des uhlans, tantôt des dragons.

De notre cour boueuse, je puis voir les deux vallées du Rhin et de la Moselle, avec les montagnes boisées du Hondsrück et du Taunus. Mais c'est surtout vers la vallée de la Moselle que je regarde sans cesse, parce que je pense :

Ils sont là-bas, bien loin, et ces eaux bleues ont coulé près d'eux !

Il y a beaucoup de prisonniers à Coblentz et on nous laisse difficilement sortir en ville. Pour moi, je n'y tiens pas, et je préfère rester seul et penser à vous !

Écris-moi bientôt, ma bonne mère, et dis-moi que

ta santé est revenue. Embrasse pour moi Wilhelmine et M. Frank, et reçois pour toi les bons baisers de ton petit Christian. »

Lorsque la lettre fut partie, je me sentis le cœur plus léger. Cependant je n'étais pas sans inquiétude : je craignais que les correspondances ne fussent pas bien sûres, et je tremblais que le moindre retard n'augmentât les peines de ceux que j'aimais.

Je fus plus de trois semaines sans recevoir de nouvelles : tous les jours, le matin, à l'heure de la distribution des lettres, je courais tout ému au-devant du vaguemestre.

Mon cœur battait violemment, mes jambes fléchissaient, pendant qu'il appelait à haute voix ceux qui recevaient des lettres. A chaque nom, mon anxiété augmentait, et quand il avait fini, n'ayant plus d'espoir, je me sauvais à l'écart, la sueur au front, le cœur brisé, pour pleurer.

Oui ! je pleurais ! Oh ! jamais je n'aurais cru qu'on pouvait tant souffrir : j'avais beau me faire tous les raisonnements possibles, me dire qu'il fallait sans doute bien des détours, bien des retards, avant que les lettres ne pussent arriver à leur destination ; rien ne faisait.

Je m'étais lié avec un sous-officier de chasseurs à pied, nommé Hermann, de Strasbourg : c'était un jeune homme rempli d'instruction et de qualités. Il était avocat, avant la guerre, et s'était engagé volontairement pour un an.

Nos lits étaient voisins et une foule de petits services rendus réciproquement nous avaient fait connaître l'un à l'autre. Il faut dire aussi qu'une grande ressemblance dans nos goûts et dans notre existence nous avait rapprochés : il aimait une jeune fille de Strasbourg, et il devait se marier aussitôt son retour.

Vif, courageux, téméraire même, il m'avouait franchement toutes ses pensées, et celle qui le dominait était de s'échapper pour aller rejoindre une armée, en France.

A chaque instant, d'ailleurs, des évasions avaient lieu. Mais plusieurs fois les pauvres prisonniers avaient été blessés par les sentinelles, repris et enfermés au cachot, d'autres même avaient été tués.

Des mesures plus sévères, une surveillance plus active, avaient été ordonnées et depuis quelques jours, on n'avait pas entendu parler de nouvelles tentatives.

Souvent Hermann me parlait de l'intention où il était de profiter de la première occasion favorable pour s'échapper, et il m'excitait à faire comme lui.

« Nous savons l'allemand, disait-il, nous pouvons gagner la campagne, où il n'y a aucune troupe et où nous trouverons des vêtements civils. J'ai de l'argent en suffisance. Nous partirons pour le Luxembourg, et de là, il nous sera facile d'entrer en France. »

Mais je savais quelle chance il fallait courir, à quels dangers presque insurmontables il fallait se hasarder, et la pensée de ma mère qui mourrait, si elle n'avait plus de mes nouvelles ou si j'étais tué dans une évasion, me retenait.

« Partez sans moi, répondis-je au jeune Alsacien. J'ai déjà trop souffert et je ne compte pas assez sur le succès pour tenter de fuir. »

Mais les froids violents étaient venus : les nuits claires et la gelée étant trop défavorables, il attendait, car il fallait des neiges, de la pluie ou une nuit sombre.

XIX

Un matin, vers la fin de décembre, le vaguemestre avait fait la distribution, mais je n'allais plus au-devant de lui, cela me faisait trop souffrir. Je croyais que ma lettre n'était pas parvenue et je n'attendais plus de réponse.

Tout à coup, Hermann accourt en tenant une lettre :

« Pleffel, Pleffel, voilà une heure qu'on vous cherche : une lettre pour vous ! »

Dire ce que je ressentis en entendant ces mots serait impossible : je tournoyais comme un homme ivre, je portais la lettre à mes lèvres, je la retournais en tous sens, lisant et relisant l'adresse : ce n'était pas l'écriture de ma mère.

Enfin je l'ouvris en tremblant et je cachai précieusement une petite fleur de géranium, placée entre les deux feuillets, tandis que je lisais, tout ému :

Daspich, 21 décembre, 70.

Mon cher Christian,

« Je t'écris moi-même parce que ta bonne mère est au lit, toujours souffrante.

Nous avons reçu ta lettre ce matin : elle a été bien longtemps en route et nous étions tristes, fort tristes de ne pas savoir où les Prussiens t'avaient emmené.

Je suis près du lit de ta mère : je ne la quitte pas d'une minute et quand elle n'est pas trop fatiguée, nous parlons de toi. En tous cas, nous ne cessons pas d'avoir notre pensée, là-bas, avec toi, à Coblentz.

Le bon docteur Zachariæ, l'ami de ton père, vient tous les jours : il a dit qu'il fallait pour sauver ta mère, du bonheur, que c'était le seul remède.

Aussi la joie qu'elle a eue, en recevant ta lettre, lui a rendu quelques forces. Elle veut se lever pour reprendre le grand air et puis nous irons à Coblentz, te voir. Cette idée, qu'elle a depuis qu'elle sait que tu es dans cette ville, la rend plus gaie et moi je suis bien contente aussi.

Mon père viendra avec nous et nous oublierons un peu nos chagrins.

Courage, mon pauvre Christian, prends patience et ne tarde pas à nous écrire. Ta mère t'embrasse bien fort, et mon père et moi nous t'embrassons aussi comme nous t'aimons. »

Cette bonne lettre me rendit courage : je vis le moment peut-être bien rapproché où ma mère et nos bons amis seraient à Coblentz et pourraient me voir souvent.

J'écrivis plusieurs lettres et j'en reçus toujours de plus rassurantes : cependant la santé de ma pauvre mère ne lui permettait pas encore d'entreprendre le voyage tant rêvé.

Nous étions arrivés à la fin de janvier ; le froid était de plus en plus violent et à peine pouvions-nous nous réchauffer dans nos baraques de bois.

Les nouvelles les plus affligeantes nous arrivaient de France, soit par les lettres des parents qui n'étaient pas dans la zone occupée, soit par les journaux allemands que nous pouvions lire.

Les Prussiens, d'ailleurs, ne se faisaient pas scrupule de nous annoncer victoires sur victoires, et la ville retentissait de cris joyeux : ils insultaient à notre malheur!

Enfin la nouvelle de la capitulation de Paris nous arriva vers la fin du mois, et les Allemands s'étonnaient que nous ne fussions pas contents!

« Vous allez retourner chez vous, disaient-ils, car on fera bientôt la paix! »

Mais hélas! la pensée du retour pouvait-elle compenser le chagrin profond que nous causaient les revers de notre pauvre patrie!

Et puis une nouvelle crainte venait de surgir dans tous les cœurs des Alsaciens et des Lorrains : les Prussiens parlaient déjà de prendre notre pays, de nous arracher malgré nous à notre nationalité.

Ils osaient nous montrer quelque déférence et nous dire parfois :

« Vous êtes Allemands comme nous! »

Oh! il ne fallait plus que ce nouveau cauchemar pour combler nos peines!

C'est pendant ces événements que je reçus une lettre de ma mère, lettre courte, presque illisible, et qui renversait de nouveau le peu d'espérance qui nous soutenait.

« M. Frank, m'écrivait-elle, a reçu l'ordre de quitter le pays sous les trois jours. Il avait osé dire ouvertement sa pensée sur l'annexion dont on parle tant, et il avait refusé de moudre du blé destiné à l'armée prussienne

Ainsi, ajoutait ma mère, je vais rester seule ici, privée des seuls amis qui pouvaient me consoler; je vais voir partir celle que je regardais comme ma propre fille. Oh! Christian, quand donc reviendras-tu? Que nous les suivions au moins! que nous quittions un pays où l'étranger règne si durement! »

A la fin de la lettre, Wilhelmine avait tracé rapidement quelques lignes, mouillées, presque effacées par des larmes :

« Adieu, écrivait-elle, pauvre Christian; dès que tu seras libre, viens vite nous rejoindre. Nous t'écrirons quand nous aurons trouvé un autre asile.

C'est ta pauvre mère qui me cause le plus de soucis, car ce nouveau malheur l'a vivement frappée. »

Je n'ai pas besoin de dire dans quel état me mirent ces nouvelles affligeantes et inattendues. Mon parti fut pris à l'instant : il fallait m'échapper, aller rejoindre ma mère et l'emmener près de Wilehlmine.

Sans réfléchir aux difficultés d'un pareil projet, ni aux dangers que j'allais courir et qui pourraient rendre mon malheur plus grand, j'allai trouver Hermann :

« Êtes-vous prêt? lui dis-je : je suis décidé à partir.

— Vrai? demanda-t-il d'une voix insouciante, comme s'il s'agissait d'une promenade.

— Oui! décidé à tout braver.

— Eh bien, mon cher, vous avez bien fait de vous décider, car j'allais partir seul. Le temps est propice : les nuits sont très noires, il pleut continuellement. Ce soir, après le dîner, nous nous cacherons derrière les baraquements et de là nous nous sauverons, sans bruit, dans les champs. Vous aurez soin de ne pas me quitter du regard, je vous ferai signe, quand il sera temps. »

J'acceptai tout ce que voulut Hermann, car je savais qu'il avait mûri son projet et étudié tous les moments et les endroits favorables pour sortir du camp.

Cependant l'exécution était moins facile que la parole : les baraques étaient entourées de sentinelles, qui avaient l'ordre de tirer sur les prisonniers qui sortaient et ne répondaient pas à leur voix. Les cavaliers pouvaient se lancer à notre poursuite et bientôt nous rejoindre.

Ce soir-là, il avait tombé beaucoup de neige fondue, un vent glacial faisait rentrer tout le monde près des grands poêles, dans les chambres, et les sentinelles s'abritaient derrière leurs gros manteaux.

Pendant que la foule des prisonniers se pressait aux portes pour rentrer, Hermann me fit signe de la tête et je le suivis.

Nous nous glissâmes entre deux baraques et de là, enjambant sans difficulté les fils de fer, nous nous trouvâmes dans les fossés du fort.

Une fois arrivés là, il nous fallait aller lentement et avec précaution, parce que le moindre bruit pouvait attirer l'attention des postes nombreux. D'ailleurs le terrain boueux était très inégal, et nous risquions fort de nous casser le cou dans les trous, que la nuit nous empêchait de voir.

Enfin, après mille tâtonnements, en nous rappelant

bien tous les points, que nous avions examinés attentivement pendant le jour, nous arrivâmes sur les bords de la Moselle, sans avoir été entendus.

Le plus difficile était fait. Mais où aller? Quelle direction prendre?

La nuit était tellement noire que nous ne pouvions distinguer notre chemin à deux pas devant nous.

Tout à coup, Hermann, qui allait le premier, poussa un cri et je l'entendis glisser et se débattre dans l'eau, en m'appelant : il était tombé dans un des fossés nombreux qui aboutissent à la rive de la Moselle.

J'avançai vers lui, malgré le danger de tomber moi-même et je tendis la main en avant.

« A moi, » disait-il.

Je le vis à deux ou trois mètres plus bas, comme une masse sombre, dans un trou plein de boue et d'eau. Il cherchait à s'accrocher aux pierres et aux branches sèches des buissons, mais ses forces l'abandonnaient.

Couché sur le bord du fossé, le corps presque tout entier dans le vide, je m'efforçais, mais en vain, d'arriver jusqu'à lui.

Cependant le bruit qu'il avait fait en tombant, et l'écho de nos voix avaient attiré l'attention : j'entendais déjà les postes s'agiter et les chevaux trotter autour du camp.

On venait de notre côté!

« Nous sommes pris, m'écriai-je à mi-voix.

— Sauve-toi, » dit Hermann, en se laissant glisser à l'eau.

Mais j'étais déjà entouré : deux dragons me poussèrent à coups de crosse vers le fort, tandis que d'autres cherchaient dans le fossé, où ils avaient entendu le bruit de l'eau.

Je fus condamné à être enfermé dans un cachot humide, où du pain noir était ma seule nourriture, avec l'aumône d'une mauvaise bouillie tous les quatre jours. Je n'eus pas même la consolation de pouvoir écrire à ma mère.

Tout ce que j'avais souffert jusque là ne fut rien,

L'évasion.

près des jours cruels que je passai dans ce cachot. Que devait penser ma mère, ne recevant plus de nouvelles, surtout dans la solitude où elle se trouvait, sans un seul ami pour la soutenir contre le désespoir!

Oh! je maudissais alors l'impatience qui m'avait fait entreprendre une démarche si téméraire.

Un nouveau sujet de peine pour moi fut la connaissance de la mort d'Hermann, que j'appris par un nouveau prisonnier mis au cachot avec moi. Ce pauvre garçon cherchait à nager vers la Moselle, et il avait été tué par les balles des soldats.

XX

Il y avait près de trois semaines que j'étais au cachot, lorsqu'un jour, un sous-officier allemand vint me demander le lieu de ma naissance. Il inscrivit les noms que je lui donnai sur un grand registre, et une heure après on vint me dire que j'étais libre et que j'allais être renvoyé en Lorraine.

L'effet que me fit une nouvelle si inattendue ne saurait se décrire : je crus d'abord avoir mal compris. Mais l'Allemand m'ayant répété que je pouvais retourner aux baraques, rejoindre mes compagnons qui préparaient leurs paquets, je crus avoir perdu la tête, pendant quelques minutes : je pleurais, je chantais, je ne pouvais me rendre compte de mes idées

Enfin, en marchant au camp, accompagné du soldat, je lui demandai tout surpris :

« La paix est donc faite?

— Pas tout à fait, mais on renvoie chez eux tous les Alsaciens et les Lorrains allemands.

— Allemands! Mais ils sont tous Français. »

Le Prussien ne répondit pas. Mais en arrivant aux baraques, j'appris qu'on avait signé les préliminaires de la paix, car nous étions à la fin de février. Je sus bientôt que les Allemands avaient mis comme grande condition, l'annexion de l'Alsace et de la Lorraine, de Metz et de Strasbourg; que rien n'était encore définitif, que les frontières n'étaient pas encore fixées, mais qu'ils considéraient déjà le pays comme leur appartenant.

Ainsi me fut expliqué notre renvoi dans nos familles.

Déjà mes compatriotes prévenus avaient préparé leur petit bagage. Mon paquet fut bientôt fait et je rejoignis la troupe qui allait à la gare militaire, à quelques pas du camp.

Aucune joie ne se manifestait sur les visages des prisonniers libérés : pour moi, j'étais devenu plus triste depuis que j'avais appris les motifs de notre liberté.

D'ailleurs, quels sujets d'inquiétude, d'anxiété vive n'avais-je pas au fond du cœur? Que s'était-il passé là-bas, depuis que je n'avais plus reçu de lettres? Ma pauvre mère avait-elle pu résister à tant d'angoisses?

Je ne sais quel sinistre pressentiment me serrait le cœur! Au lieu de la petite maison si gaie, si vivante autrefois, qu'allais-je trouver? Qu'étaient devenus mes amis de Daspich?

Toutes ces pensées m'agitèrent pendant notre long voyage et je restai immobile dans le coin noir du wagon, devenant de plus en plus anxieux, en approchant de mon pays. Je n'avais pas pu écrire avant de quitter le camp : d'ailleurs ma lettre ne serait arrivée qu'avec moi.

Enfin, après une journée et demie de route triste, fatigante, je vis la plaine de Thionville et bientôt le train s'arrêta devant cette gare, où autrefois m'attendaient mes parents et ma petite Wilhelmine, lorsque je revenais joyeux aux jours de vacances!

Mais ce jour-là tout était muet, la gare regorgeait de Prussiens, et une voix étrangère cria, en ouvrant les portières :

« Diedenhofen, Diedenhofen!!! »

Je regardais partout si je ne m'étais pas trompé de pays et si je ne descendais pas par hasard dans une ville du Rhin.

Non! C'était bien Thionville, mais ce doux nom français n'existait plus et partout je voyais écrit en grosses lettres noires : Diedenhofen!

Je me sauvai sur la route, en mordant mes lèvres pour ne pas pleurer, et je me dirigeai rapidement vers Daspich. Arrivé près du village, je pris le sentier détourné que j'avais suivi six mois auparavant, en revenant de Nancy!

Et je pensais à tout ce qui s'était passé depuis ce moment-là; aux quelques instants heureux qui s'étaient alors écoulés près de ma mère et de Wilhelmine; aux saintes espérances qui nous montraient encore l'avenir un peu joyeux!

Je pensais à tout cela et j'osais à peine lever les yeux vers la maison que j'apercevais déjà.

Je dus m'arrêter pour calmer les battements de mon cœur et reprendre un peu de sang-froid. Je ne sais quelle crainte secrète m'empêchait de courir, comme autrefois, lorsque je revenais au village.

Enfin j'arrivai devant la maison : tout était triste et silencieux. Je poussai la porte vivement, et je vis la vieille Magdeleine, qui pleurait, assise devant l'âtre, où brillait un maigre feu!

A ma vue, elle poussa un cri et vint se jeter presque morte dans mes bras.

« Ma mère, demandai-je, où est ma mère? »

Et je regardais partout, personne ne venait. Magdeleine toute pâle, les yeux gonflés par les pleurs, ne pouvait parler...

« Ma mère, ô Magdeleine, dites-moi la vérité, où est ma mère?

— Elle est au ciel, dit-elle enfin.

— Morte! Ma pauvre mère!... »

Et je tombai sur le plancher!

Quand je pus reprendre un peu mes sens, recueillir mes idées, grâce aux soins empressés de Magdeleine, je donnai un libre cours à mes larmes. J'errais dans les chambres désertes, en proie à un violent désespoir, éclatant en sanglots, lorsqu'un souvenir de ma mère et des jours passés frappait mes regards !

Ma jeunesse tout entière revenait devant moi : je voyais ma mère, privée déjà d'un mari aimé, se consacrer à mon éducation, me combler de bontés, puis sacrifier ses petites rentes pour m'envoyer à la faculté !

Je me rappelais tout cela et je me reprochais presque de l'avoir laissée mourir ! Comme si j'avais pu retarder le bras de la mort !

Enfin je dis à Magdeleine de me conduire au cimetière sur la tombe de ma mère. Nous traversâmes le village sans nous arrêter et je vins m'agenouiller près d'une humble croix, placée dans la terre encore humide.

Magdeleine me dit que ma mère était morte depuis huit jours : sa santé avait été entièrement brisée par l'abandon où elle se trouvait et par les angoisses que lui causait le manque de mes nouvelles.

Elle m'avait cru mort et elle était partie en disant : « Je le reverrai là-haut ! »

Pourquoi donc n'étais-je pas mort comme elle ? Au moins nous serions ensemble, délivrés d'une vie qui ne pouvait plus être pour nous qu'une souffrance continuelle !

Je restai longtemps sur cette pauvre tombe, abîmé dans mille réflexions amères, et Magdeleine dut m'entraîner loin du cimetière et me ramener à la maison.

Quelques jours s'étaient écoulés depuis mon retour, et cependant, toujours accablé de douleur, incapable de m'occuper d'affaires sérieuses, je passais mon temps à revoir les lieux où j'avais goûté autrefois tant de joie et de bonheur.

Le souvenir de Wilhelmine, affaibli pendant quelque temps par mes violentes impressions, s'était ranimé vivement en moi. Seul aujourd'hui, je n'avais plus qu'elle et son père pour revivre au passé !

J'avais demandé à Magdeleine si ma mère avait reçu quelque lettre; elle ne savait rien. Dans le village, on n'avait reçu aucune nouvelle de la résidence de M. Frank et le moulin était occupé par les Prussiens.

XXI

Je songeais à mettre ordre à mes affaires et à quitter le pays pour tâcher de retrouver la trace de mes pauvres amis, lorsqu'un soir du mois de mars, pendant que, tristement assis devant le feu, je rêvais aux moyens de réussir dans mon dessein, quelqu'un frappa doucement à la porte.

Magdeleine dormait déjà dans sa chambre, il était tard : aussi fus-je étonné de cette visite.

J'allai ouvrir et un homme parut, enveloppé dans un long manteau et ayant un gros chapeau sur les yeux.

« Que voulez-vous? demandai-je.

— C'est moi, Christian, ton pauvre père Frank. »

Jugez de ma surprise. Je fis bien vite entrer le brave meunier, et je fermai la porte à double tour. Il ôta son manteau et son chapeau et je le reconnus, malgré le changement de sa figure. Il était bien maigri et ridé.

Nous nous embrassâmes tendrement, et je le fis asseoir près du feu.

« Tu es donc revenu, mon bon Christian? Et ta mère, elle dort, sans doute? »

Ce souvenir, ces paroles me firent sangloter. Je pris les mains du père Frank et je les lui serrai fortement.

« Elle est morte, monsieur Frank!

— Morte!... Et je n'ai pas pu lui dire adieu!

Morte... Et Wilhelmine n'était pas là pour l'embrasser une dernière fois! Morte! Ta pauvre et bonne mère!

— Oui! Et j'étais aussi bien loin! J'ai trouvé Magdeleine seule en rentrant! »

Le pauvre homme ne répondit pas : il avait la tête penchée sur la poitrine, il pleurait.

Enfin il se leva.

« Christian, dit-il, j'ai peu de temps à moi : je suis revenu dans la nuit, parce que si on m'avait vu, j'aurais été emmené en Allemagne, et que deviendrait alors Wilhelmine?

— Wilhelmine, m'écriai-je! Où est-elle? Elle ne vous a pas suivi?

— Elle est à Luxembourg, chez une vieille tante qui habite depuis longtemps cette ville. Pauvre enfant! Elle a été bien malade aussi et elle t'a bien souvent demandé, Christian! Nous avions écrit à ta mère, nous t'avions écrit à Coblentz et nous n'avons reçu aucune réponse. Aussi ce silence redoublait notre inquiétude.

— Aucune lettre ne m'est parvenue ni à ma mère, car Magdeleine m'a assuré qu'elle ne connaissait pas votre résidence.

— Wilhelmine m'a supplié de venir à Daspich savoir au moins ce que vous étiez devenus l'un et l'autre : j'ai exaucé sa prière, malgré les dangers d'une telle démarche. Je repartirai avant le jour. Mais auparavant je veux aller au moulin chercher des papiers précieux cachés dans une boîte que j'ai enterrée au jardin.

— Je vais réveiller Magdeleine, je lui donnerai la garde de la maison, et je partirai avec vous à Luxembourg. »

Le père Frank me serra la main.

« Tu es un brave garçon. »

Il se leva et se dirigea vers la porte :

« Je ne serais pas longtemps : je connais ma cachette et je puis la trouver sans lumière. Tiens-toi prêt pour partir aussitôt, car il faut que nous soyons à la frontière avant le jour. »

Il sortit et je courus à la chambre de Magdeleine.

« Levez-vous, lui dis-je, M. Frank est venu et nous allons partir. »

La pauvre vieille s'habilla toute émue et bientôt elle vint près du feu.

« M. Frank est venu! Où est-il? Et Wilhelmine?

— Elle est restée à Luxembourg. Quant à M. Frank, il va venir, il est au moulin. Préparez un sac de voyage, ma pauvre Magdeleine, je vais vous quitter et aller à Luxembourg. »

La bonne femme se mit à gémir, mais elle prépara tout ce qui m'était le plus nécessaire.

Pendant ce temps, je recueillais dans un portefeuille les papiers les plus précieux de ma famille et tout l'argent de ma mère. Je brûlai ce que je ne pouvais emporter.

Je mis un rouleau d'or dans la main de la vieille servante.

« Tenez, Magdeleine, voici pour vous : je vous laisse en garde la maison de mes parents. Conservez-là telle qu'elle est, afin que si je reviens quelquefois, je retrouve tous mes souvenirs chéris. »

En parlant ainsi je pleurais et Magdeleine était plus morte que vive.

M. Frank arriva en ce moment : il était tout consterné.

« Mon pauvre Christian, dit-il, on m'a tout volé : le jardin a été retourné et je suis ruiné? J'avais caché là dans une boîte des papiers importants et de l'or représentant une partie de ma fortune. Comment vivre maintenant? Quel triste sort va menacer ma Wilhelmine! Oh! C'est trop de malheur à la fois! »

Et le père Frank se tordait les mains.

« Ce n'est pas pour moi que je crains : je n'ai pas besoin de vivre longtemps, la vie d'exil m'est trop lourde, mais c'est pour vous, mes pauvres enfants, pour vous que j'espérais voir si heureux!

— Calmez-vous, monsieur Frank, j'ai assez de ressources pour attendre tous trois des temps meilleurs. La guerre ne durera pas toujours et alors je serai médecin, je gagnerai pour trois et nous ne nous quitterons plus. »

Il me pressa sur son cœur et dit :

« Partons, si j'étais pris, ce serait le comble de tous mes maux. »

J'embrassai une dernière fois la vieille Magdeleine et nous nous éloignâmes dans l'ombre.

XXII

Après une marche de quelques heures, nous atteignîmes, sans rencontre fâcheuse, la frontière, puis la ville de Luxembourg.

Nous arrivâmes bientôt chez la vieille tante, qui habitait la ville basse, dans une maison située au bord de l'Alzette.

En me retouvant près de Wilhelmine, il me sembla un moment que nos chagrins s'adoucissaient. Oh! comme nous étions heureux de nous revoir! Le père Frank lui-même oublia un peu ses soucis. Il était si content de voir sa Wilhelmine sourire encore, après avoir tant pleuré!

Pauvre fiancée! Elle avait été longtemps malade, souhaitant de mourir aussi pour nous rejoindre. Elle me disait tout cela, en me tenant les mains, et le père Frank souriait avec la vieille tante. On ne parlait pas de mariage, parce que nous avions trop de deuil, et il fallait attendre que la France fût plus heureuse!

Quelques semaines se passèrent ainsi à rétablir notre santé et notre esprit. Nous allions tous les jours nous promener sur les côtes voisines, d'où l'on peut apercevoir la vallée de la Moselle, et là nous restions longtemps, les yeux fixés vers la patrie.

Enfin on apprit que la paix venait d'être signée, dans les conditions cruelles que tout le monde connaissait déjà depuis longtemps. La Lorraine et l'Alsace étaient définitivement enlevées, malgré leurs larmes, et il fallait s'exiler pour toujours ou rester Prussien!

Tout ce que ces nouveaux événements nous causèrent de peine, je n'ai pas besoin de le dire : jamais dans le cœur d'un Lorrain ou d'un Alsacien la joie ne pourra renaître, jamais pour nous, pauvres exilés, ne luira un éclair de bonheur, tant que notre pays ne sera pas rendu à la France!

Nous quittâmes Luxembourg, M. Frank, Wilhelmine et moi, pour rentrer en France, où nous devions opter pour avoir une patrie.

C'est à Nancy que nous cherchâmes un asile : là du moins, nous pouvons entendre encore le mot de Lorraine; des collines voisines nous pouvons voir la Moselle couler vers Thionville, et nous sommes au premier rang pour regagner notre pays, le jour où il redeviendra français.

Je suis docteur en médecine, j'ai épousé ma bonne Wilhelmine, et le père Frank ne veut pas vieillir, et il espère moudre encore beaucoup de blé dans son moulin.

FIN

Coulommiers. — Typ. P. BRODARD et GALLOIS.

www.ingramcontent.com/pod-product-compliance
Lightning Source LLC
Chambersburg PA
CBHW070308100426
42743CB00011B/2398